Tillbe
i Ande och Sanning

Andlig tillbedjan

Dr. Jaerock Lee

"Men det kommer en tid, och den är redan här,
när sanna tillbedjare ska tillbe
Fadern i ande och sanning.
Sådana tillbedjare vill Fadern ha.
Gud är ande, och de som tillber honom
måste tillbe i ande och sanning"
(Johannes 4:23–24)

Tillbe i ande och sanning av Dr. Jaerock Lee
Utgiven av Urim Books (Representant: Johnny. H. Kim)
235-3, Guro-dong 3, Guro-gu, Seoul, Korea
www.urimbooks.com

Användes med tillstånd. Ingen del av boken eller boken i sin helhet får reproduceras i någon form, genom lagring i elektroniska medier eller överföring på något sätt eller genom något annat tillvägagångssätt, elektroniskt, mekaniskt, kopiering, samt bandinspelning eller liknande, utan tidigare inhämtat skriftligt tillstånd från utgivaren.

Där ingenting annat anges är bibelcitaten hämtade från Svenska Folkbibeln®2014.

Copyright @ 2012 av Dr. Jaerock Lee
ISBN: 979-11-263-1275-7 03230
Translation Copyright @ 2012 av Dr. Esther K. Chung. Användes med tillstånd.

Första utgåvan på engelska november 2012

Tidigare utgiven på koreanska 1992 av Urim Books i Seoul, Korea

Redigerad av Dr. Geumsun Vin
Design av redaktionsavdelningen vid Urim Books
För mer information kontakta: urimbook@hotmail.com

Förord

Akaciaträd är en vanlig syn i ödemarken i Israel. Dessa träd skjuter ut sina rötter hundratals meter under ytan och letar rätt på underjordiskt vatten för att kunna bevara livet. Vid första anblicken tror man att dessa akaciaträd bara är användbara till eldningsved, men deras trä är fastare och håller betydligt längre än trä från andra träd.

Gud befallde att vittnesbördets ark (förbundsarken) skulle byggas av akaciaträd, överdras med guld och placeras i det Allra heligaste. Det Allra heligaste är en helig plats där Gud bor och dit enbart översteprästen har tillåtelse att gå in. En person som har rotats i Guds Ord kommer på samma sätt inte bara bli använd som ett dyrbart redskap inför Gud utan också njuta av överflödande välsignelser i hans liv.

Det är just därför som Jeremia 17:8 säger oss, "Han är som ett träd planterat vid vatten och som sträcker ut sina rötter till bäcken. Det fruktar inte om hetta kommer, dess löv är alltid gröna. Det blir inte förskräckt om ett torrt år kommer, och det upphör aldrig att bära frukt". Ordet "vatten" syftar i andlig bemärkelse på Guds Ord och den som har tagit emot sådana välsignelser kommer att värdesätta gudstjänster där Guds Ord blir predikat. Tillbedjan är en ceremoni då man ger respekt och beundran inför något gudomligt. För oss kristna är tillbedjan en ceremoni där vi tackar och lyfter upp Gud och uttrycker vår respekt, lovsång och ära. Både under Gamla testamentets tid och idag har Gud sökt och fortsätter att söka dem som vill tillbe Honom i ande och sanning.

I 3 Moseboken i Gamla testamentet finns oerhört detaljerade beskrivningar om tillbedjan. Somliga hävdar eftersom 3 Moseboken handlar om de lagar som styr offren till Gud på gammaltestamentligt sätt, att boken är irrelevant för oss idag. Detta kunde inte vara mer osant på grund av den betydelse som lagarna i Gamla testamentet påverkar det sätt som vi tillber idag. Precis som det var på Gamla testamentets tid, är tillbedjan i nytestamentlig tid det sätt vi möter Gud på. Bara när vi följer den andliga betydelsen av Gamla testamentets lagar när det gäller offer, vilka var oklanderliga, kan vi också tillbe Gud i ande och sanning i nytestamentlig tid.

Detta verk visar oss vad vi kan lära oss av de olika offren samt vilken betydelse de har genom att specifikt studera brännoffret, matoffret, gemenskapsoffret, syndoffret och skuldoffret och hur de kan tillämpas på oss som lever i nytestamentlig tid. Det kommer att hjälp oss att få veta hur vi i detalj ska tjäna Gud. För att kunna hjälpa läsaren att förstå lagarna som styr offren innehåller detta verk även panoramabilder i färg över tabernaklet, helgedomens interiör och det Allra heligaste samt inredningen som hör ihop med tillbedjan.

Gud säger till oss, "Så skall ni nu vara heliga, ty jag är helig" (3 Mosebok 11:45, 1 Petrusbrevet 1:16), och längtar efter att var och en av oss ska förstå lagarna om offren helt och hållet som 3 Mosebok skriver om och att vi ska leva helgade liv. Jag hoppas att ni ska förstå allt som rör offrandet under Gamla testamentets tid och tillbedjan i Nya testamentets tid. Jag hoppas också att ni ska undersöka på vilket sätt var och en själv tillber, och börja tillbe Gud på ett sätt som behagar Honom. Jag ber i vår Herre Jesu Kristi namn att som Salomo behagade Gud med sina tusen brännoffer, må varje läsare av denna bok bli använd som ett dyrbart redskap inför Gud, och som ett träd planterat vid vatten, få njuta av överflödande välsignelser genom att ge Gud kärlekens ljuvliga doft och tacksamhet genom att tillbe Honom i ande och sanning!

Februari, 2010
Dr. Jaerock Lee

Innehåll

Tillbe i ande och sanning

Förord

Kapitel 1
Andlig tillbedjan som Gud tar emot   1

Kapitel 2
Gamla testamentets offer som finns nedskrivna i 3 Mosebok   17

Kapitel 3
Brännoffret   43

Kapitel 4
Matoffret   67

Kapitel 5
Gemenskapsoffret   83

Kapitel 6
Syndoffret   95

Kapitel 7
Skuldoffret   111

Kapitel 8
Frambär din kropp som ett levande och heligt offer   123

Kapitel 1

Andlig tillbedjan som Gud tar emot

"Gud är ande, och de som tillber honom måste tillbe i ande och sanning."

Johannes 4:24

1. Offer i gammaltestamentlig tid och tillbedjan i nytestamentlig tid

Från början var Adam, den första människan som skapades, en varelse som kunde ha direkt och nära gemenskap med Gud. Efter att han frestats av Satan och begått synd, blev Adams nära gemenskap med Gud avhuggen. Gud gjorde för Adam och hans efterkommande en väg till förlåtelse och frälsning och öppnade vägen genom vilken de kunde få tillbaka kommunikationen med Gud. Det sättet kan man finna i beskrivningen av de offer man frambar under Gamla testamentets tid, som Gud i sin nåd har gett oss.

Offren under Gamla testamentets tid var inte uttänkta av människan. Gud själv gav instruktionerna och uppenbarade offren. Vi vet detta eftersom det i 3 Mosebok 1:1 och vidare står, "HERREN kallade på Mose och talade till honom från uppenbarelsetältet. Han sade..." Vi kan också bekräfta detta från de offer som Abel och Kain, Adams söner, gav till Gud (1 Mosebok 4:2-4).

Dessa offer följde specifika regler beroende på syftet med offret. De klassificerades som brännoffer, matoffer, gemenskapsoffer, syndoffer och skuldoffer, och beroende på syndens allvarlighetsgrad och omständigheterna i de människors liv som gav offren, kunde tjurar, får, getter, duvor och mjöl offras. Prästerna som hanterade offren skulle besitta självbehärskning, vara noggranna i sitt arbete, klä sig i efoder som var helgade, och offra sådant som hade beretts med yttersta noggrannhet efter de gällande reglerna. Sådana offer var yttre formaliteter som var omständliga och väldigt reglerade.

På Gamla testamentets tid kunde en person som hade syndat endast få försoning genom att döda ett djur och offra det som syndoffer, och genom dess blod blev synden försonad. Men dessa djuroffers blod som offrades år efter år kunde inte helt lösa människorna från deras synder; dessa offer var tillfälliga försoningsoffer och därför inte fullkomliga. Det beror på att en människas synd enbart kan försonas genom en människas liv.

1 Korintierbrevet 15:21 säger oss, "Eftersom döden kom genom en människa, kom också de dödas uppståndelse genom en människa." Det var därför som Jesus Guds Son kom till denna värld i köttet och trots att Han var syndfri, utgöt Han sitt blod på ett kors och dog. Eftersom Jesus blev ett offer en gång för alla (Hebreerbrevet 9:28) finns det inte längre något behov för blodsoffer med dess komplexa och strikta regler.

Som vi läser i Hebreerbrevet 9:11–12, "Genom det större och fullkomligare tabernaklet, som inte är gjort av människohand och alltså inte tillhör den här skapelsen, gick han in i det allra heligaste en gång för alla, inte med bockars och kalvars blod utan med sitt eget blod, och vann en evig återlösning" vann Jesus en evig försoning.

Genom Jesus Kristus offrar vi inte längre blodsoffer till Gud utan kan nu komma inför Honom och offra ett levande och heligt offer. Det här är gudstjänsten i nytestamentlig tid. Eftersom Jesus offrade sig själv som ett syndoffer för alla tider genom att bli fastspikad vid korset och utgjuta sitt blod (Hebreerbrevet 10:11-12), kan vi, när vi från våra hjärtan tror att vi blivit återlösta från synd och tar emot Jesus Kristus, ta emot förlåtelse för våra synder. Det här är ingen ceremoni som betonar handlingen, utan en demonstration av tron som härstammar från våra hjärtan. Det är ett levande och heligt offer och en andlig gudstjänst (Romarbrevet 12:1).

Detta betyder inte att offren från Gamla testamentets tid har upphävts. Om Gamla testamentet är en skuggbild, då är Nya testamentet den verkliga formen. När det gäller lagen har offerlagar från Gamla testamentet blivit fullkomnade i Nya testamentet genom Jesus. I nytestamentlig tid har formen nu förändrats till en gudstjänst. Liksom Gud hade behag till oklanderliga och rena offer under gammaltestamentlig tid har Han i nytestamentlig tid behag till vår gudstjänst som offras i ande och sanning. De strikta formerna och sätten handlade inte bara om de yttre ceremonierna utan bar också med sig en djup andlig betydelse. För oss idag tjänar de som ett mätinstrument genom vilket vi kan undersöka vår attityd gentemot tillbedjan.

Först måste en troende, efter att ha kompenserat eller tagit ansvar i handling för de fel man har gjort inför grannar, bröder eller Gud (skuldoffer), se tillbaka på sitt liv under veckan som har gått, bekänna sin synd och söka förlåtelse (syndoffer), och sedan tillbe med ett rent hjärta och fullständig uppriktighet (brännoffer). När vi behagar Gud genom att offra sådant som har förberetts med yttersta noggrannhet i tacksamhet till Hans nåd som har beskyddat oss under veckan som gått (matoffer) och berätta för Honom vad vi längtar efter i våra hjärtan (gemenskapsoffer), då kommer Han ge oss vårt hjärtas begär samt styrka och kraft att övervinna världen. På det sättet innehåller den nytestamentliga gudstjänsten bakgrunden som offerlagarna i Gamla testamentet kommer från. Offerlagarna under gammaltestamentlig tid kommer undersökas i detalj från kapitel 3 och framåt.

2. Tillbe i ande och sanning

I Johannes 4:23-24 säger Jesus oss, "Men det kommer en tid, och den är redan här, när sanna tillbedjare ska tillbe Fadern i ande och sanning. Sådana tillbedjare vill Fadern ha. Gud är ande, och de som tillber honom måste tillbe i ande och sanning." Detta är en del av vad Jesus sade till en kvinna som Han mötte vid en brunn i den samaritiska staden Sykar. Kvinnan hade frågat Jesus, som hade börjat ett samtal med henne genom att be om vatten, om var man ska tillbe, ett ämne som länge hade varit något som väckt intresse (Johannes 4:19-20).

Medan judarna hade offrat i Jerusalem där templet låg, hade samariterna offrat på berget Gerissim. Det berodde på att då Israel delats under Rehabeam, Salomos sons, styre hade Israel i norr skapat en upphöjd plats för att hindra människor från att ta sig till templet i Jerusalem. Eftersom kvinnan var medveten om detta ville hon veta vilken plats som var den rätta för tillbedjan.

Platsen för tillbedjan har stor betydelse för Israels folk. Eftersom Gud var närvarande i templet helgade de det och ansåg att det var universums centrum. Men eftersom det hjärta med vilket man tillber Gud är viktigare än den fysiska plats man har för tillbedjan, lät Jesus, då Han uppenbarade sig själv som Messias, det bli tydligt att förståelsen för hur tillbedjan skulle gå till också behövde förnyas.

Vad innebär det att "tillbe i ande och sanning"? Att "tillbe i ande" är att göra Guds Ord i de 66 Bibelböckerna till bröd genom den Helige Andes inspiration och fullhet, och tillbe från djupet av våra hjärtan tillsammans med den Helige Ande som bor i oss. Att "tillbe i sanning" är att, tillsammans med korrekt förståelse av Gud, tillbe Honom med hela vår kropp, vårt hjärta, vår vilja och uppriktighet genom att med glädje och tacksamhet, ge bön, lovsång och handlingar som offer till Honom.

Om Gud accepterar vår tillbedjan beror inte på vårt yttre eller på hur stort vårt offer är, utan om det mått av omsorg vi har förberett offret som vi ger Honom utifrån våra egna individuella omständigheter. Gud kommer gladeligen ta emot och ge dem som tillber Honom från djupet av sina hjärtan och ger Honom frivilliga gåvor det som personerna längtar efter i sina hjärtan. Men Han tar inte emot tillbedjan från respektlösa människor vars hjärtan är tanklösa och som bara tänker på vad andra ska tycka om dem.

3. Offra tillbedjan som Gud tar emot

Dem av oss som lever i nytestamentlig tid när hela lagen nu har uppfyllts av Jesus Kristus, måste tillbe Gud på ett mer fullkomligt sätt. Det beror på att kärleken är det största budet som gavs till oss genom Jesus Kristus som har uppfyllt lagen genom kärlek. Tillbedjan är nu ett uttryck på vår kärlek till Gud. Det finns de som bekänner sin kärlek till Gud med sina läppar men på det sättet de tillber Honom, kan det ifrågasättas om de verkligen älskar Gud från djupet av sina hjärtan.

Om vi träffade någon som är äldre eller högre i rank än oss skulle vi se över våra kläder och ordna dem, justera vår attityd och ändra inställning i hjärtat. Om vi ska genom honom en gåva gör vi iordning en felfri present med yttersta omsorg. Gud är den som har skapat allt i universum och är värdig ära och lovsång från sin skapelse. Om vi ska tillbe Gud i ande och sanning kan vi inte komma och vara oförskämda inför Honom. Vi måste se tillbaka på oss själva och undersöka om vi har varit oförskämda eller inte, och se till att vi deltar i gudstjänsten med hela vår kropp, med hela vårt hjärta, med all vår vilja och med all vår omsorg.

1) Vi får inte komma försent till gudstjänsterna.

Eftersom tillbedjan är en ceremoni då vi erkänner den andliga auktoritet som den osynlige Guden har, kommer vi egentligen bara ha erkänt Honom från våra hjärtan när vi har följt de regler Han har fastställt och de förväntningar Han har. Därför är det oförskämt att komma sent till gudstjänster oavsett orsak.

Eftersom mötestiderna är den tid vi har lovat att ge till Gud måste vi se till att vi kommer innan mötet börjar, att vi överlåta oss själva till bön och förbereder oss för mötet av hela vårt hjärta. Om vi skulle ha ett möte med en kung, president eller statsminister, skulle vi utan tvekan ha kommit i väldigt god tid och väntat med våra hjärtan väl förberedda. Hur kan det då vara så att vi kommer för sent eller har bråttom iväg när vi ska möta Gud, som är ojämförligt större och är större i majestät?

2) Vi måste ge vår odelade uppmärksamhet till budskapet. En herde (en pastor) är en tjänare som har blivit smord av Gud; han är vad en präst var under Gamla testamentets tid. En herde som har blivit utsedd till att predika Ordet från ett helgat altare är en ledsagare som leder fårahjorden till himlen. Därför anser Gud att en respektlös handling eller olydnad mot en herde som en respektlös handling eller olydnad mot Gud själv. I 2 Mosebok 16:8 ser vi att när Israels folk knotade mot Mose och stod emot honom, hade de i själva verket stått emot Gud. I 1 Samuelsboken 8:4-9, när folket hade varit olydigt mot profeten Samuel, såg Gud det som en olydnadshandling gentemot Honom själv. Så om du samtalar med någon som sitter bredvid dig eller om ditt sinne är uppfyllt av lata tankar när herden predikar ett budskap å Guds vägnar, är du respektlös mot Gud. Att dåsa till eller somna under mötet är också en respektlös handling. Kan du tänka dig något så oförskämt som att en sekreterare eller minister somnade till under ett möte med presidenten? Att därför dåsa till eller somna i helgedomen som är vår Herres kropp är en respektlös handling inför Gud, herden, och bröder och systrar i tron.

Det är också oacceptabelt att tillbe med en bruten ande. Gud tar inte emot tillbedjan som ges till Honom utan tacksamhet och glädje, full av sorg. Därför måste vi delta i gudstjänsten med en förväntan på budskapet, som härstammar från hoppet om himlen och ha ett tacksamt hjärta över frälsningens nåd och kärlek. Det är också respektlöst att skaka hand med eller prata med en person som ber till Gud. Liksom du inte ska avbryta ett samtal mellan dina jämnåriga och den som är äldre än dig, är det respektlöst att avbryta någons samtal med Gud.

3) Alkohol och tobak ska inte användas innan man går på gudstjänst.

Gud kommer inte att anse att en ny troendes svaghet och svårighet att sluta dricka och röka eftersom han har liten tro är synd. Men om en person som har blivit döpt och som har en position i församlingen fortsätter att dricka och röka, är det en respektlös handling inför Gud.

Även otroende anser att det är opassande och fel att gå berusad till kyrkan eller efter att just ha rökt. Om man bara tänkte på alla problem och synder som kommer av att man dricker och röker, kommer den som röker med hjälp av sanningen kunna urskilja hur man ska uppföra sig som ett Guds barn.

Rökning orsakar olika slags cancer och är därför skadligt för kroppen, medan drickande, som kan leda till berusning, kan bli en källa till otillbörligt uppförande och tal. Hur kan en troende som röker och dricker tjäna som en förebild på hur ett Guds barn är, och vars uppförande till och med kan få Gud i dålig dager? Om du därför har sann tro, måste du snabbt göra dig av med sådant. Även om du är ny i tron - gör ditt bästa för att göra dig av med olika saker i livet för att vara ordentlig inför Gud.

4) Vi får inte bli distraherade eller störa atmosfären i gudstjänsten.

En kyrksal är en helig plats helgad för tillbedjan, bön och lovsång till Gud. Om föräldrar låter sina barn gråta, störa eller springa runt kommer barnet hindra andra i församlingen från att tillbe med hela sina hjärtan. Det är en respektlös handling inför Gud. Det är också respektlöst att bli upprörd eller arg eller prata om något personligt eller om sådant som man tycker om i kyrksalen. Att tugga tuggummi, tala högt med folk bredvid sig eller att ställa sig upp och gå runt i kyrksalen mitt under mötet är också brist på respekt. Att ha på sig hatt, t-shirt, tröja eller flipflop sandaler på en gudstjänst är inte att klä sig på ett ordentligt sätt. Det yttre är inte det som är viktigt, men en persons inre attityd och hjärta reflekteras ofta i hur man ser ut på utsidan. Den omsorg med vilken någon förbereder sig för mötet syns i ens kläder och yttre.

Genom att ha korrekt förståelse av Gud och vad Han vill hjälper oss att offra andlig gudstjänst till Honom som Han kommer ta emot. När vi tillber Gud på ett sätt som behagar Honom – när vi tillber Honom i ande och sanning – kommer Han att ge oss kraft till att förstå så att vi kan gravera in den förståelsen djupt i våra hjärtan, bära överflödande frukt och njuta av fantastisk nåd och välsignelser som Han låter skölja ner över oss.

4. Ett liv märkt av tillbedjan i ande och sanning

När vi tillber Gud i ande och sanning blir vi förnyade. Gud vill att varje persons liv i sin helhet ska vara ett liv märkt av ande och sanning. Hur ska vi uppföra oss för att offra andlig gudstjänst till Gud som Han med glädje tar emot?

1) Vi måste alltid glädja oss.

Sann glädje kommer inte bara från sådant som kan göra en glad utan också när vi möter svåra och smärtsamma saker. Jesus Kristus, som vi har tagit emot som vår Frälsare, är en orsak för oss att alltid glädja oss eftersom Han har tagit alla våra förbannelser på sig. Medan vi befann oss på vägen mot förgörelsen återlöste Han oss från synd genom att utgjuta sitt blod. Han tog vår fattigdom och våra sjukdomar på sig och lossade de onda tårarnas band liksom smärtans, sorgens och dödens band. Han har dessutom förgjort dödens makt och uppstått och på så sätt gett oss hopp om uppståndelse och låtit oss få sant liv och den underbara himlen.

Om det är Jesus Kristus som genom tro är vår källa till glädje, då kan vi inget annat än att fröjda oss. Eftersom vi kommer att ha det underbara hoppet efter detta liv och evig lycka, är verkligheten här irrelevant för oss, även om vi inte har någon mat eller har svåra problem i familjen, och även om vi omges av lidanden och förföljelse. Så länge våra hjärtan fyllda av kärlek till Gud inte sviker och vårt hopp om himlen inte skakas, kommer glädjen aldrig att blekna. Så när våra hjärtan har fyllts med Guds nåd och hopp om himlen, kan glädjen inom oss stiga upp när som helst, och då kommer svårigheterna mycket snabbare att förvandlas till välsignelser.

2) Vi måste be utan uppehåll.

Det finns tre orsaker varför det är viktigt att "be utan uppehåll". Först och främst är det att ha en regelbundenhet i bönen. Till och med Jesus sökte under sin tjänst efter lugna platser där Han kunde be – det var "Hans vana". Daniel bad regelbundet tre gånger om dagen och Petrus och de andra lärjungarna satte också av tid för att be. Vi måste också be regelbundet för att fylla upp måttet av bön och för att försäkra oss om att den Helige Andes olja aldrig tar slut. Bara då kan vi förstå Guds ord under gudstjänsterna och ta emot styrka till att leva efter Ordet.

Sedan är "be utan uppehåll" att be vid tidpunkter då det inte finns bön på schemat eller utanför ens vanliga tider för bön. Det finns tillfällen då den Helige Ande manar oss att be till och med utanför de tider vi vanligtvis ber på. Vi hör ofta vittnesbörd från folk som har undkommit svårigheter eller som har beskyddats eller räddats undan olyckor när de har lytt och bett vid sådana tillfällen.

Till sist, "be utan uppehåll" är att meditera på Guds Ord dag och natt. Oavsett var du är, med vem du är, eller vad du gör, måste sanningen i ditt hjärta vara levande och aktivt få göra sitt verk.

Bön är som andetag för vår ande. Precis som köttet dör när kroppens andetag avstannar, kommer bön som avstannar leda till en försvagning av anden och till slut döden för anden. Man kan säga att en person "ber utan uppehåll" när han inte bara ropar ut i bön vid specifika tillfällen, utan också när han mediterar på Ordet dag och natt, och lever efter det. När Guds Ord har fått en boplats i hans hjärta och han lever sitt liv i gemenskap med den Helige Ande, då kommer alla delar av hans liv ha framgång och han kommer att bli ledd in i en tydlig och nära gemenskap med den Helige Ande.

Precis som Bibeln säger åt oss att "söka Guds rike och Hans

rättfärdighet", blir vi välsignade i ännu större mått när vi ber för Guds rike – för Hans planer och själarnas frälsning – istället för oss själva. Ändå finns det människor som bara ber när de möter svårigheter eller när de känner att de saknar något, men när allt är lugnt tar de en paus från bönen. Det finns andra som ber uthålligt när de blir fyllda med den Helige Ande, men tar en paus från bönen när de förlorar den fullheten. Men oavsett måste vi alltid fatta mod och lyfta upp vår väldoftande bön till Gud som Han har behag till. Du kan föreställa dig hur smärtsamt och svårt det är att pressa ut ord emot ens egen vilja och att bara försöka fylla upp tiden i bön medan man kämpar för att driva bort dåsigheten och lata tankar. Så om en troende tycker att han har ett visst mått av tro men ändå har det svårt och känner en börda i att tala med Gud, borde han då inte känna sig generad över att han bekänner sin "kärlek" till Gud? Om du känner som att "min bön är andligt tråkigt och har stagnerat" behöver du undersöka dig själv och se hur glad och tacksam du har varit.

Det är med all säkerhet så att när en persons hjärta alltid är fyllt av glädje och tacksamhet, kommer hans böner vara i den Helige Andes fullhet och kommer inte stagnera utan istället tränga sig djupare ner. En person kommer inte att uppleva det som att han inte kan be. Istället kommer han törsta efter mer av Guds nåd ju svårare det blir, vilket kommer få honom att ropa ut till Gud i ännu ivrigare bön och hans tro kommer att växa steg för steg.

När vi ropar ut i bön från djupet av våra hjärtan utan uppehåll, kommer vi att bära överflödande frukt i bönen. Trots prövningar som kan komma vår väg, kommer vi hålla fast vid våra tider då vi ska be. Och efter hur mycket vi har ropat ut i bön, kommer de andliga djupen i tron och kärleken att växa och vi kommer att dela med oss av nåden till andra. Därför är det nödvändigt att vi ber utan uppehåll med glädje och tacksamhet så att vi kan ta emot svar från Gud på ett sätt som blir en underbar frukt i anden och i det fysiska.

3) Vi måste tacka i allt.

Vad har vi för orsaker att vara tacksamma? Framför allt det faktum att vi, som var förutbestämda till att dö, har blivit frälsta och kan komma till himlen. Det faktum att vi har blivit givna allt, till och med vårt dagliga bröd och god hälsa, är orsaker nog för oss att vara tacksamma. Vi kan dessutom vara tacksamma trots lidanden och prövningar för att vi tror på Gud den Allsmäktige.

Gud vet om allt vi går igenom, alla omständigheter och situationer och hör alla våra böner. När vi litar på Gud till slutet mitt i prövningar, kommer Han att leda oss så att vi genom dessa prövningar blir bättre och underbarare personer.

När vi blir plågade på grund av vår Herres namn, och till och med när vi möter prövningar på grund av våra egna misstag och tillkortakommande, kommer vi inse att det enda vi kan göra är att tacka, om vi verkligen litar på Gud. När vi lider brist eller misslyckas kommer vi bli ännu tacksammare för Guds kraft som styrker oss och gör den svage stark. Även när verkligheten vi möter blir svårare och svårare att hantera och uthärda, kommer vi kunna tacka på grund av vår tro på Gud. När vi har varit tacksamma genom tro till slutet, kommer allt att samverka till det bästa och det kommer att förvandlas till välsignelser.

Alltid glädja sig, be utan uppehåll och vara tacksam i allt är sådant som finns med på den måttstock som vi mäter hur mycket frukt vi har burit i anden och i det fysiska genom våra liv i tron. Ju mer man kämpar för att glädja sig oavsett situation, sår säd av glädje och är tacksam från djupet av sitt hjärta när man letar efter orsaker att vara tacksam för, desto mer frukt av glädje och tacksamhet kommer man att bära. Det är detsamma med bön; ju mer kraft vi använder för att be, desto starkare styrka och svar kommer vi skörda som frukt.

Genom att därför varje dag offra den andliga gudstjänsten som Han vill ha och som Han finner glädje i genom ett liv där ni alltid är glada, ber utan uppehåll och är tacksamma (1 Tessalonikerbrevet 5:16–18) hoppas jag att ni kommer att bära stora och överflödande frukter i anden och i det fysiska.

Kapitel 2

Gamla testamentets offer som det står om i 3 Mosebok

"HERREN kallade på Mose och talade till honom från uppenbarelsetältet. Han sade: Säg till Israels barn: När någon bland er vill bära fram ett offer åt HERREN, skall ni ta ert offer av boskapen, antingen av nötboskapen eller småboskapen."

3 Mosebok 1:1-2

1. Betydelsen av 3 Mosebok

Man får ofta höra att Uppenbarelseboken i Nya testamentet och 3 Mosebok i Gamla testamentet är de allra svåraste delarna av Bibeln att förstå. Därför hoppar en del över dessa delar när de läser Bibeln, medan andra tror att offerlagarna från gammaltestamentlig tid inte är relevanta för oss idag. Men om dessa delar är irrelevanta för oss, finns det ingen orsak varför Gud skulle ha låtit dessa böcker skrivas ner i Bibeln. Eftersom varje ord i Nya testamentet likväl som i Gamla testamentet är viktiga för oss i våra liv i Kristus, har Gud låtit dem bli nedskrivna i Bibeln (Matteus 5:17–19).

I nytestamentlig tid ska man inte bortse från offerlagarna under Gamla testamentets tid. Offerlagarna har liksom övriga lagen i Gamla testamentet blivit uppfyllda av Jesus i Nya testamentet. Den underliggande betydelsen av offerlagarna i Gamla testamentet finns inbäddade i varje steg av modern tillbedjan i Guds helgedom och offrandet från Gamla testamentet kan likställas med hur gudstjänster går till idag. När vi väl har fått en korrekt förståelse av offerlagarna i Gamla testamentet och deras betydelse, kommer vi kunna ta en genväg till välsignelser där vi kommer möta Gud och få uppleva Honom genom att på ett korrekt sätt förstå hur vi ska tillbe och tjäna Honom.

3 Mosebok är en del av Guds Ord som är tillämpbart på alla som tror på Honom. Det beror på att, som vi läser i 1 Petrusbrevet 2:5, "Och låt er själva som levande stenar byggas

upp till ett andligt hus, ett heligt prästerskap som ska bära fram andliga offer som Gud tar emot med glädje genom Jesus Kristus" var och en som har tagit emot frälsningen genom Jesus Kristus kan komma inför Gud, precis som prästerna i Gamla testamentet gjorde.

3 Mosebok kan grovt delas upp i två delar. Den första delen fokuserar primärt på hur våra synder blir förlåtna. Det handlar grundläggande om offerlagar för hur man bli förlåten synd. Första delen förklarar också villkoren för att bli präst och prästens skyldigheter som ansvarar för offren mellan Gud och folket. Den andra delen har i detalj nedskrivet de synder som Gud har befallt Hans utvalda, sitt heliga folk, att aldrig begå. För att summera, varje troende måste lära sig Guds vilja som står i 3 Mosebok som betonar hur man bevarar den heliga relationen med Gud.

Offerlagarna i 3 Mosebok förklarar metodiken hur vi ska tillbe. Precis som vi möter Gud och tar emot Hans svar och välsignelser genom gudstjänsterna, tog folket i Gamla testamentet emot syndernas förlåtelse och fick uppleva Guds verk genom offren. Men i och med Jesus Kristus har den Helige Ande tagit sin boning i oss och vi har fått tillåtelse att ha gemenskap med Gud när vi tillber Honom i ande och sanning, mitt ibland den Helige Andes gärningar.

Hebreerbrevet 10:1 säger oss, "Lagen ger en skuggbild av det goda som kommer, men inte tingen i deras verkliga gestalt.

Därför kan aldrig lagen genom samma offer som ständigt frambärs år efter år fullkomna dem som träder fram." Om det finns en gestalt, finns det också en skugga till gestalten. Idag är "gestalten" det faktum att vi kan tillbe genom Jesus Kristus och på Gamla testamentets tid bevarade människorna sin relation med Gud genom offer, vilket var en skuggbild.

Offer till Gud måste ges efter de regler Han vill ha; Gud accepterar inte tillbedjan som offrat det på sitt eget sätt. I 1 Mosebok 4 finner vi att Gud accepterade offren från Abel som följde Guds vilja, medan Han inte ens såg till de offer som kom från Kain som hade utformat sina egna offersätt.

På samma sätt är det med den tillbedjan som Gud har behag till och tillbedjan som går en annan väg från Hans regler och därför blir irrelevanta för Gud. I 3 Mosebok finner vi offerlagarna med praktisk information om hur tillbedjan ska gå till för att vi ska kunna ta emot Guds svar och välsignelser och för att Han ska ha behag till tillbedjan.

2. Gud kallade på Mose från uppenbarelsetältet

3 Mosebok 1:1 skriver, "HERREN kallade på Mose och talade till honom från uppenbarelsetältet. Han sade:". Uppenbarelsetältet var en flyttbar helgedom som kunde klara av de snabba flyttar som Israels folk gjorde medan de bodde i ödemarken, och det var därifrån Gud kallade på Mose. Uppenbarelsetältet refererar till tabernaklet som utgjordes av

helgedom och det Allra heligaste (2 Mosebok 30:18, 30:20, 39:32 och 40:2). Det kan också handla om tabernaklet som helhet likväl som de tygvåderna som hängde runt förgårdarna (4 Mosebok 4:31, 8:24).

I tiden efter uttåget och på deras resa mot Kanaans land, spenderade Israels folk en lång tid i ödemarken och var hela tiden på resande fot. Det var orsaken till att templet där offer gavs till Gud inte kunde byggas som en permanent plats, istället var det ett tält, ett tabernakel, som lätt kunde flyttas. Därför kallas också hela strukturen för "tabernaklets tempel".

I 2 Mosebok 35-39 finns specifika detaljer för tabernaklets uppförande. Gud själv gav detaljerna till Mose för hur tabernaklet skulle se ut och vilket material som skulle användas till dess uppförande. När Mose berättade för menigheten vilka material som var nödvändiga för att bygga tabernaklet kom folket med glädje och gav användbara material som guld, silver, koppar; olika slags stenar; mörkblått, purpurrött och karmosinrött material, och fint lingarn; man kom med gethår, fårskinn och tahasskinn, så mycket att Mose fick hindra folket från att bära fram fler gåvor (2 Mosebok 36:5-7).

Tabernaklet blev på så sätt uppbyggt av frivilliga gåvor från menigheten. För israeliterna som var på väg till Kanaan efter att ha lämnat Egypten som om de flydde, kunde kostnaden för uppförandet inte ha varit liten. De hade inga hem och ingen mark. De kunde inte bevara sin rikedom i jordbruk. Men i deras förväntan till Guds löfte, som hade sagt att Han skulle bo

Gamla testamentets offer som finns nedskrivna i 3 Mosebok · 23

ibland dem när en boning hade iordningsställts för Honom, bar israeliterna hela kostnaden och allt arbete med fröjd och glädje. För Israels folk som länge hade lidit av allvarliga övergrepp och hårt arbete var det något de törstade efter mer än någonting annat - frihet från slaveri. Så efter att Gud har befriat dem från Egypten befallde Han att tabernaklet skulle uppföras för att Han skulle kunna bo bland dem. Israels folk hade ingen orsak att fördröja det, och tabernaklet blev uppfört, med israeliternas glädjefulla överlåtelse som grund.

Direkt när man kommer in i tabernaklet ligger "helgedomen" och går man igenom helgedomen inåt kommer man till det "Allra heligaste". Detta är den allra heligaste platsen. I det Allra heligaste står vittnesbördets ark (förbundsarken). Det faktum att vittnesbördets ark, som innehåller Guds ord, står i det Allra heligaste tjänar som en påminnelse om Guds närvaro. Medan templet i sin helhet är en helig plats som Guds hus, är det Allra heligaste den plats som är särskilt avskilt och räknades som det heligaste av alla platser. Inte ens översteprästen kunde gå in i det Allra heligaste mer än en gång per år och det var för att ge ett syndoffer till Gud för folket. Vanliga människor var förbjudna att gå dit in. Det beror på att syndare aldrig kan komma inför Gud.

Men ändå har vi alla, genom Jesus Kristus, fått privilegiet att kunna komma inför Gud. I Matteus 27:50-51 läser vi, "Men Jesus ropade än en gång med hög röst och gav sedan upp andan. Då brast förhänget i templet i två delar, uppifrån och ända ner." När Jesus offrade sig själv och dog på korset för att återlösa oss från synd blev förhänget som hade stått emellan det Allra heligaste och oss delat mitt itu.

Hebreerbrevet 10:19-20 utvecklar detta, "Bröder, i kraft av Jesu blod kan vi därför frimodigt gå in i det allra heligaste på den nya och levande väg som han har öppnat för oss genom förhänget, det vill säga sin kropp." Att förhänget brast mitt itu när Jesus offrade sin kropp i döden visar på att syndamuren mellan Gud och oss rasade ner. Nu kan vem som helst som tror på Jesus Kristus få förlåtelse för sina synder och komma in på den väg som har banats rakt fram till den Helige Guden. I det förgångna kunde enbart prästerna gå inför Gud, men nu kan vi alla ha en direkt och nära relation med Honom.

3. Uppenbarelsetältets andliga betydelse

Vad betyder uppenbarelsetältet för oss idag? Uppenbarelsetältet är kyrkan där troende tillber idag, helgedomen är de troendes kroppar som har accepterat Herren, och det Allra heligaste är våra hjärtan där den Helige Ande bor. 1 Korinterbrevet 6:19 påminner oss, "Eller vet ni inte att er kropp är ett tempel för den helige Ande som bor i er och som ni har fått av Gud? Ni tillhör inte er själva". Efter att vi tog emot Jesus som Frälsare gavs den Helige Ande till oss som en gåva från Gud. Eftersom den Helige Ande bor i oss, är vårt hjärta och vår kropp ett heligt tempel.

Vi ser också i 1 Korinterbrevet 3:16–17, "Vet ni inte att ni är Guds tempel och att Guds Ande bor i er? Om någon fördärvar Guds tempel ska Gud fördärva honom. Guds tempel är heligt, och det templet är ni." Precis som vi håller Guds synliga tempel rent och heligt hela tiden, måste vi också hålla vår kropp och vårt hjärta rent och heligt hela tiden eftersom det är den Helige Andes boplats.

Vi läste att Gud kommer att fördärva den som fördärvar Hans tempel. Om någon är ett Guds barn och har tagit emot den Helige Ande men fortsätter att fördärva sig själv, kommer den Helige Ande att kvävas och det kommer inte bli någon frälsning för den personen. Bara när vi kan bevara templet heligt där den Helige Ande bor genom vårt uppförande och i våra hjärtan, kan vi nå fullständig frälsning och ha direkt och nära gemenskap med Gud.

Därför betyder det faktum att Gud kallade på Mose från uppenbarelsetältet att den Helige Ande kallar på oss från insidan, och söker gemenskap med oss. Det är naturligt för Guds barn som har tagit emot frälsningen att ha gemenskap med Gud Fadern. De måste be genom den Helige Ande och tillbe i ande och sanning i nära relation med Gud.

Människor under Gamla testamentets tid kunde inte ha gemenskap med den Helige Guden på grund av deras synd. Bara översteprästen kunde gå in i det Allra heligaste som låg inne i tabernaklet och offra till Gud å folkets vägnar. Idag har alla

Guds barn tillåtelse att komma in i helgedomen för att tillbe, be och ha gemenskap med Gud. Det är på grund av att Jesus Kristus har återlöst oss från alla synder. När vi har tagit emot Jesus Kristus, bor den Helige Ande i våra hjärtan och ser den platsen som det Allra heligaste. Och precis som Gud kallade på Mose från uppenbarelsetältet, kallar den Helige Ande på oss från djupet av våra hjärtan och längtar efter att ha gemenskap med oss. Genom att vi tillåter oss själva att höra den Helige Andes röst och ta emot Hans ledning kan den Helige Ande leda oss in i ett liv i sanningen och så att vi kan förstå Gud. För att kunna höra den Helige Andes röst måste vi göra oss av med synd och ondska från våra hjärtan och bli helgade. När vi väl har uppnått helgelsen kommer vi kunna höra den Helige Andes röst på ett tydligt sätt och välsignelser kommer att överflöda både i anden och i det fysiska.

4. Uppenbarelsetältets form

Formen på uppenbarelsetältet är väldigt enkelt. Man måste gå igenom porten, vars bredd är omkring 9 meter (ca 29,5 fot), på östra sida om tabernaklet. När man kommer in i tabernaklets förgård kommer man först fram till brännoffersaltaret som är gjort av koppar. Mellan detta altare och helgedomen finns det ett kar, ett ceremoniellt rengöringskärl, och bakom detta område ligger helgedomen och sedan det Allra heligaste som är uppenbarelsetältets innersta.

Uppenbarelsetältets struktur

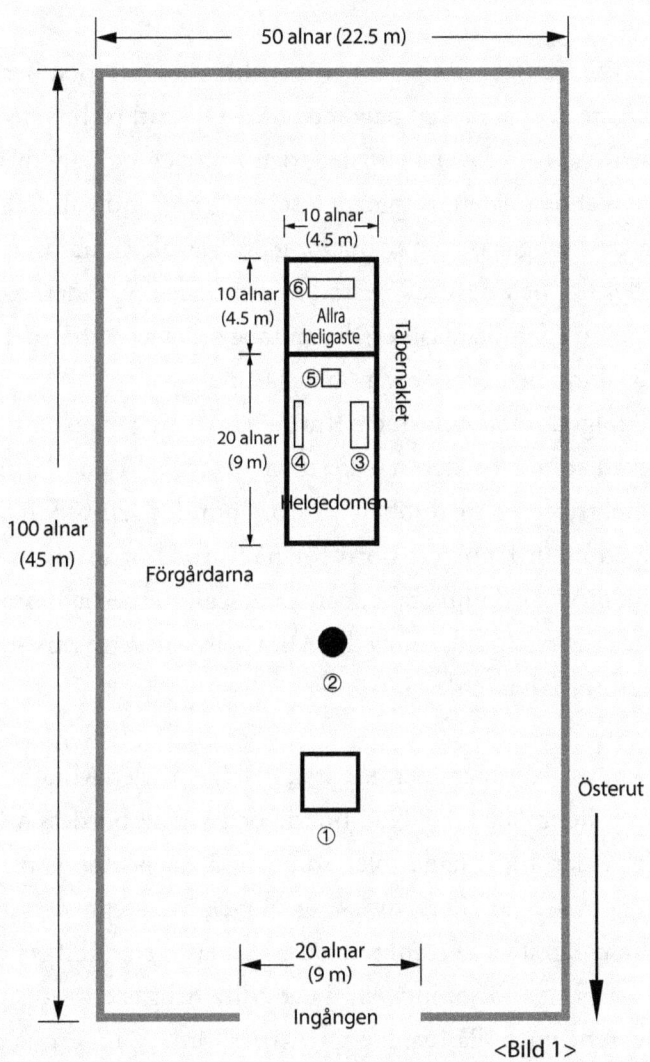

<Bild 1>

Dimensioner
Förgårdarna: 100 x 50 x 5 alnar
Ingång: 20 x 5 alnar
Tabernaklet: 30 x 10 x 10 alnar
Helgedomen: 20 x 10 x 10 alnar
Allra heligaste: 10 x 10 x 10 alnar
(* 1 aln = cirka 17.7 tum)

Inredning
1) Brännoffersaltaret
2) Karet
3) Bordet med skådebröden
4) En ljusstake av rent guld
5) Rökelsealtaret
6) Vittnesbördets ark (Förbundsarken)

Tabernaklets dimensioner med helgedomen och det Allra heligaste är fyra och en halv meter (ca 14,7 fot) på bredden, 13,5 meter (ca 44,3 fot) på längden, och fyra och en halv meter (ca 14,7 fot) på höjden. Byggnaden står på en grund gjord av silver, och dess väggar består av brädor gjorda av akaciaträ överdragna med guld, och dess tak bestod av fyra lager tygvåder. Keruber vävdes in i det första lagret; det andra gjordes av gethår, det tredje av fårskinn och det fjärde av tahasskinn. Helgedomen och det Allra heligaste är avdelade med en tygvåd som även den har keruber invävda på den. Storleken på helgedomen är dubbelt så stor som det Allra heligaste. I helgedomen finns ett bord för närvarons brön (även kallat skådebrödet), en ljusstake, och rökelsealtaret. Alla dessa saker gjordes av rent guld. Inne i det Allra heligaste står vittnesbördets ark (förbundsarken).

Låt oss summera detta. Först, insidan av det Allra heligaste var en helig plats där Gud bodde och vittnesbördets ark stod och på den finns nådastolen som också var på denna plats. En gång om året, på Försoningsdagen, gick översteprästen in i det Allra heligaste och stänkte blod på nådastolen å folkets vägnar för att bringa försoning. Allt i det Allra heligaste var utsmyckat med rent guld. På insidan av vittnesbördets ark finns de två stentavlorna på vilka de Tio budorden finns nedskrivna, en urna med manna och Arons stav som hade grönskat.

Helgedomen var den plats där prästerna skulle gå in för att

Bild

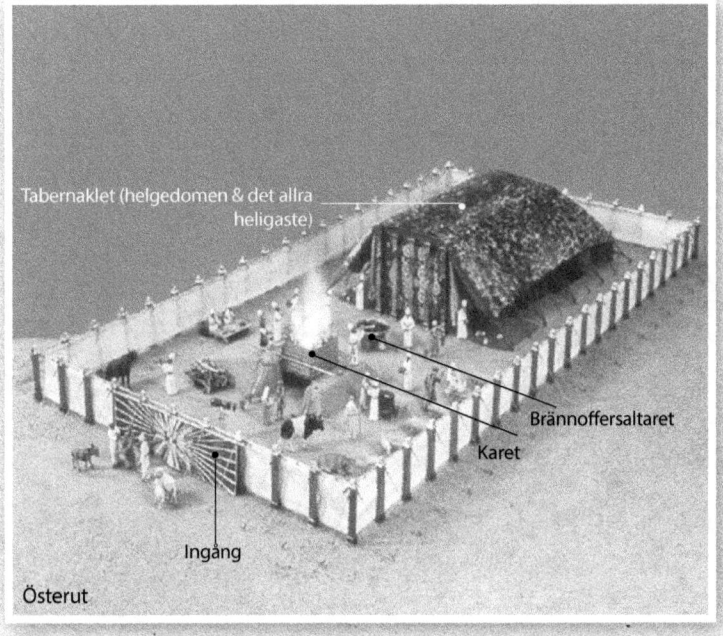

<Bild 2>

Panoramavy över uppenbarelsetältet

Inne i förgårdarna finns brännoffersaltaret (2 Mosebok 30:28), ett kar (2 Mosebok 30:18) och Tabernaklet (2 Mosebok 26:1, 36:8), och över förgårdarna hänger tvinnande våder av fint lingarn. Det finns bara en ingång till tabernaklet, på den östra sidan (2 Mosebok 27:13-16), och den symboliserar Jesus Kristus, den enda dörren till frälsning

Bild

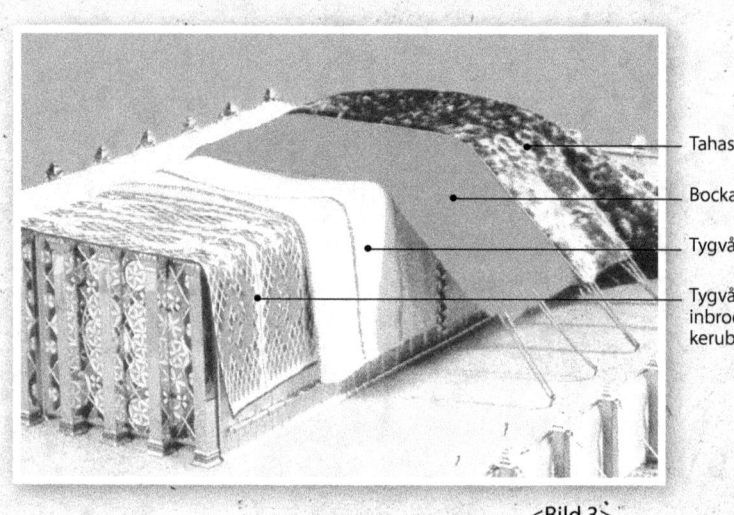

<Bild 3>

Tygvåder som övertäcker tabernaklet

Fyra tygvåder till tält över tabernaklet.
Längst in ligger tygvåder dekorerade med keruber; ovanpå dem tygvåder av gethår; sedan bockskinn och slutligen ovanpå dem ligger tahasskinn. Våderna på bild 3 visas så att varje lager är synligt. När tygvåderna är borttagna blir tyget som hänger runt helgedomen framför helgedom synliga och bakom dem rökelsealtaret och tygvåderna runt det allra heligaste.

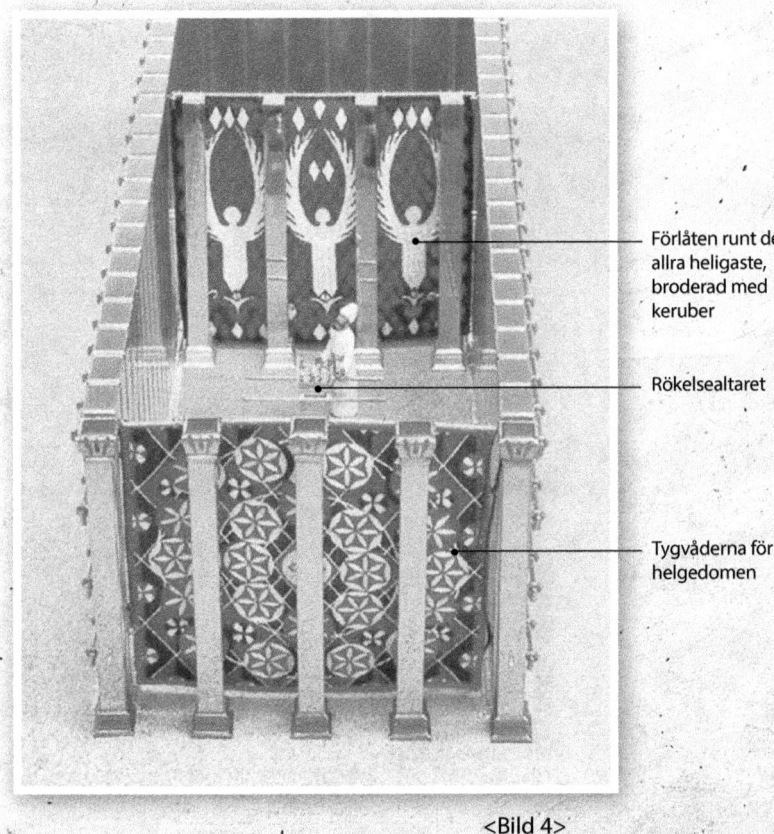

<Bild 4>

Helgedomen sedd med tygvåderna borta

Längst fram hänger tygvåder för helgedomen, och synlig bakom dem finns rökelsealtaret och förlåten till det allra heligaste.

Bild

<Bild 5>

Tabernaklets inredning

Mitt i heledomen står ljusstaken gjord av rent guld (2 Mosebok 25:31), brödet med skådebröden (2 Mosebok 25:30) och längst bak rökelsealtaret (2 Mosebok 30:27).

<Bild 6>

Rökelsealtaret

<Bild 7>

Bordet med skådebrödet

<Bild 8>

Ljusstaken

Bild

<Bild 9>

Inuti det allra heligaste

Den bakre väggen av helgedomen har tagits bort för att insidan av det allra heligaste ska kunna ses. Synlig är vittnesbördets ark, nådastolen, och tygvåderna för det allra heligaste längst bak. En gång per år går översteprästen klädd i vitt in i det allra heligaste och stänker blodet från syndoffret.

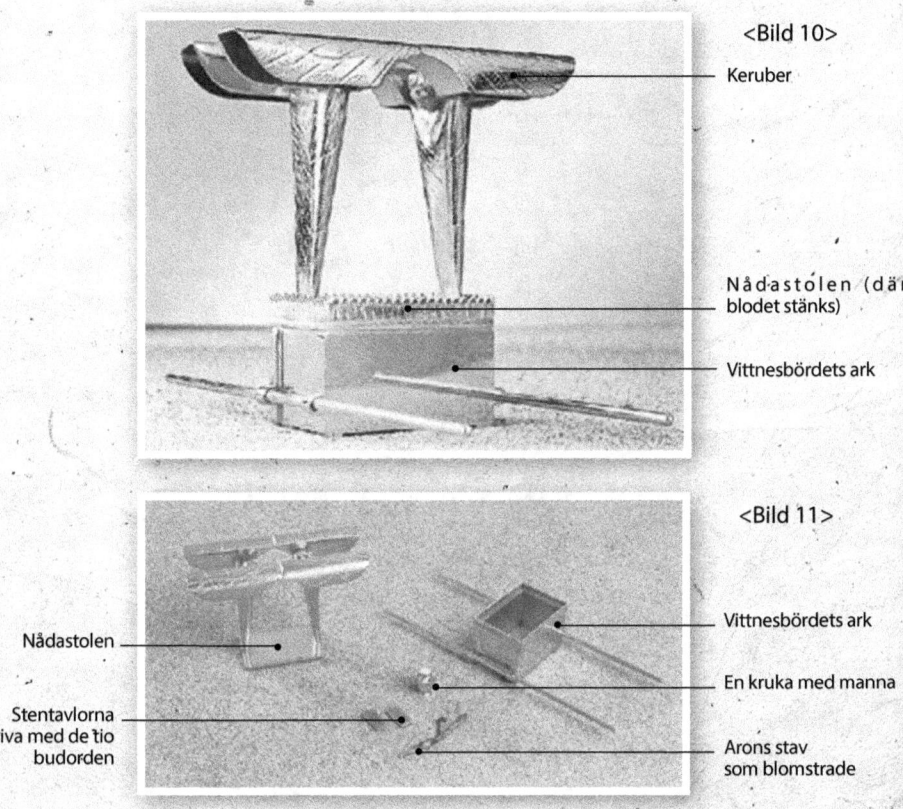

<Bild 10>
Keruber

Nådastolen (där blodet stänks)

Vittnesbördets ark

<Bild 11>

Vittnesbördets ark

En kruka med manna

Arons stav som blomstrade

Nådastolen

Stentavlorna skriva med de tio budorden

Vittnesbördets ark och nådastolen

På insidan av det allra heligaste finns vittnesbördets ark gjord av rent guld och ovanpå arken finns nådastolen. Nådastolen är det som övertäcker vittnesbördets ark (2 Mosebok 25:17-22) och blodet stänks där en gång per år. Vid båda ändarna av nådastolen finns två keruber vars vingar övertäcker nådastolen (2 Mosebok 25:18-20). Inuti vittnesbördets ark finns stentavlorna där de tio budorden finns inristade; en kruka med manna; och Arons stav som blomstrade.

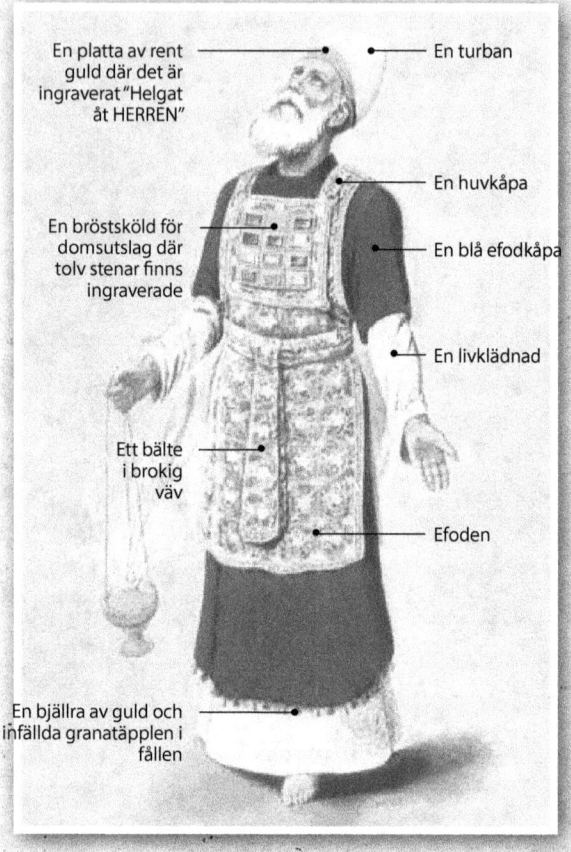

<Bild 12>

Översteprästens klädnad

Översteprästen hade ansvar för templets bevarande och hade det övergripande ansvaret för offergudstjänsterna, och en gång per år gick han in i det allra heligaste för att offra till Gud. Den som efterträdde översteprästen var tvungen att äga Urim och Tummin. Dessa två stenar användes för att söka Guds vilja, placerades i bröstskölden ovanpå efoden som prästerna hade på sig. "Urim" representerar ljus och "Tummin" fullkomlighet.

offra och där stod rökelsealtaret, en ljusstake och ett bord för skådebröden, allt gjort av guld.

Det tredje, karet, är ett stort kärl gjord av koppar. Karet innehöll vatten där översteprästerna skulle tvätta sina händer och fötter innan de gick in i helgedomen eller innan översteprästerna gick in i det allra heligaste.

Det fjärde, brännoffersaltaret, var gjort av koppar och starkt nog att stå emot eld. Elden på altaret "gick ut från HERREN" när tabernaklet var färdigställt (3 Mosebok 9:24). Gud befallde också att elden på altaret alltid skulle brinna, den fick aldrig slockna, och varje dag skulle två årsgamla får offras på det (2 Mosebok 29:38-43; 3 Mosebok 6:12–13).

5. Den andliga betydelsen av offret av tjurar och får

I 3 Mosebok 1:2, sade Gud till Mose, "Säg till Israels barn: När någon bland er vill bära fram ett offer åt HERREN, skall ni ta ert offer av boskapen, antingen av nötboskapen eller småboskapen." Under gudstjänsten offrar Guds barn upp olika offer till Honom. Förutom tiondet finns det andra offer såsom tacksägelse, uppbyggelse och tröst. Ändå befaller Gud att om någon kommer med ett offer till Honom, måste det vara från "boskapen, antingen av nötboskapen eller småboskapen". Denna vers har en andlig betydelse men vi ska inte bokstavligen göra vad versen säger, utan förstå var den andliga betydelsen av det är och sedan göra i enlighet med Guds vilja.

Vad är den andliga betydelsen i att offra djur från småboskapen? Det betyder att vi måste tillbe Gud i ande och sanning och offra oss själva som ett levande och heligt offer. Det är vår "andliga gudstjänst" (Romarbrevet 12:1). Vi måste alltid hålla oss vakna i bön och föra en helig livsföring inför Gud, inte bara under gudstjänsterna, utan hela tiden i våra vardagsliv. Då kommer vår tillbedjan och alla våra offer ges till Gud som ett levande och heligt offer som Gud tar emot som en andlig gudstjänst.

Varför befallde Gud att Israels folk skulle offra just tjurar och får av alla djur? Tjurar och får är de djur som lämpligast representerar Jesus, som har blivit ett gemenskapsoffer för frälsning för hela mänskligheten. Låt oss se likheterna mellan "tjurar" och Jesus.

1) Tjurar bär människans bördor.

Precis som tjurar bär människans bördor har Jesus burit vår syndabörda. I Matteus 11:28 säger Han oss, "Kom till mig, alla ni som arbetar och är tyngda av bördor, så ska jag ge er vila." Människan strävar och gör allt hon kan för att förvärva rikedom, ära, berömmelse, prestige och makt och allt annat som hon kan längta efter. I tillägg till alla bördor som hon bär, bär hon också syndabördan och lever sitt liv mitt i prövningar, lidanden och plågor.

Jesus kom och tog bördorna och livets tunga bördor på sig genom att bli ett offer, Han utgöt sitt blod till försoning och korsfästes på ett träkors. Genom tro på Herren kan människan lasta av sig alla sina problem och syndabördor och njuta av frid och vila.

2) Tjurar skapar inga problem för människan, de ger henne bara fördelar.
Tjurar är inte bara god och lydig arbetskraft för människan, det ger henne också mjölk, kött och skinn. Det finns ingen del av tjuren, från huvudet till klövarna, som är oanvändbart. Jesus är på samma sätt enbart till fördel för människan. Genom att vittna om evangeliet från himlen till de fattiga, de sjuka och de övergivna, gav Han tröst och hopp, lossade ondskans kedjor, och botade sjukdomar och svagheter. Även om det blev på bekostnad av Hans sömn eller måltid, gjorde Jesus sitt bästa för att lära ut Guds ord till den allra sista Han mötte, på vilket sätt det än kunde vara. Genom att offra sitt liv och bli korsfäst, öppnade Jesus vägen till frälsning för syndare som var förutbestämda till helvetet.

3) Genom sitt kött ger tjurarna näring till människan.
Jesus gav människan sitt kött och blod så att människan skulle kunna bröd av dem. I Johannes 6:53–54 säger Han oss, "Om ni inte äter Människosonens kött och dricker hans blod har ni inte liv i er. Den som äter mitt kött och dricker mitt blod har evigt liv, och jag ska låta honom uppstå på den yttersta dagen." Jesus är Guds Ord som kom till denna värld i köttet. Genom

att därför äta Jesu kött och dricka Hans blod är det att göra bröd av Guds Ord och leva efter det. Precis som en människa kan leva vidare genom att äta och dricka, kan vi få evigt liv och enbart komma in i himlen genom att äta och göra bröd av Guds Ord.

4) Tjurar plöjer marken och gör den till fruktbar jord.

Jesus kultiverar människans hjärteåker. I Matteus 13 finns en liknelse som jämför människans hjärta med fyra olika typer av åkrar: vägkanten, stenig mark, törnefält och god jord. Eftersom Jesus återlöste oss från alla våra synder har den Helige Ande tagit sin boning i våra hjärtan och ger oss styrka. Våra hjärtan kan bli förvandlade till god jord genom den Helige Andes hjälp. När vi litar på Jesu blod som har låtit oss bli förlåtna alla våra synder, och noggrant lyder sanningen, kommer våra hjärtan att förvandlas till fertil, rik, och god jordmån och vi kommer kunna ta emot välsignelser i anden och i det fysiska genom att skörda 30, 60 och 100 gånger mer än vad vi sådde.

Och sedan, vilka likheter finns det mellan får och Jesus?

1) Får är milda

När man talar om milda eller mjuka människor brukar vi ofta beskriva dem som mjuka som lamm. Jesus är den mildaste av alla människor. Om Jesus står det i Jesaja 42:3, "Ett brutet strå skall han inte krossa, en tynande veke skall han inte släcka." Jesus hade tålamod intill slutet med till och med dem som gjorde ont och som var perverterade och med dem som inte hade omvänt sig från synder som de fortsatte att göra. Han väntade på dem att de skulle vända sig bort från sina vägar. Trots att Jesus som Son till Gud Skaparen har makt att förgöra mänskligheten, förblev Han tålmodig med oss och visade sin kärlek till och med mot de onda som korsfäste Honom.

2) Ett får är lydigt

Ett får följer lydigt dit herden leder det och står still till och med när man klipper det. Som det står i 2 Korinterbrevet 1:19, "Guds Son, Jesus Kristus som vi har predikat hos er – jag och Silvanus och Timoteus – han kom inte som både ja och nej, utan i honom har det kommit ett ja" insisterade inte Jesus på sin egen vilja utan förblev lydig Gud ända in i döden. Genom hela sitt liv gick Jesus enbart till platser som Gud hade valt ut, och gjorde enbart vad Gud sade åt Honom att göra. Och mot slutet, trots att Han mycket väl visste vilket enormt lidande på korset som låg framför honom, bar Han det i lydnad för att uppfylla Faderns vilja.

3) Ett får är rent.

Den sortens får som Bibeln talar om är ett årsgammalt lamm som ännu inte har parats (2 Mosebok 12:5). Ett får i denna ålder kan jämföras med en beundransvärd och ren person i sin ungdom – eller den fläckfria och oklanderliga Jesus. Får ger också ull, kött och mjölk; de skadar aldrig någon, snarare är till fördel för människor. Som det nämndes tidigare offrade Jesus sitt kött och blod, och gav sig själv till allra sista biten. I fullständig lydnad till Gud Fadern uppfyllde Jesus Guds vilja och förgjorde syndamuren mellan Gud och syndare. Och fortfarande idag kultiverar Han våra hjärtan så att de kan förvandlas till att bli ren och brukbar jord.

Precis som människan blev återlöst från sina synder genom tjurar och får på Gamla testamentets tid, offrade Jesus sig själv som ett offer på korset och uppnådde evig återlösning genom sitt blod (Hebreerbrevet 9:12). Och när vi tror det här måste vi kunna förstå hur Jesus blev ett offer värdigt Guds erkännande så att vi alltid kan förbli tacksamma för den kärlek och nåd som Jesus Kristus har, och följa Honom i Hans fotspår.

Kapitel 3

Brännoffret

"… prästen [skall] bränna alltsammans [ungtjuren] på altaret. Det är ett brännoffer, ett eldsoffer till en ljuvlig doft för HERREN."

3 Mosebok 1:9

1. Brännoffrets betydelse

Brännoffret, som är det första av alla offer som det står om i 3 Mosebok, är det äldsta av alla offer. Ordet "brännoffer" kommer från "att låta det stiga upp". Ett brännoffer är ett offer som placeras på altaret och som blir fullständigt förtärt av elden. Det symboliserar människans fullständiga offer, hennes överlåtelse och frivilliga tjänst. Genom att behaga Gud med den väldoft som kommer av det offrade djuret som bränns upp som ett offer, är brännoffret den vanligaste offermetoden och tjänar som ett tecken på att Jesus faktiskt bar vår synd och offrade sig själv som ett fullständigt offer. På så sätt blir det ett offer som sprider väldoft inför Gud (Efesierbrevet 5:2).

Att behaga Gud med väldoften betyder inte att Gud känner lukten från det djur som offras. Det betyder att Han tar emot väldoften från personens hjärta som har gett Honom offret. Gud undersöker till vilken grad personen fruktar Gud och med vilken kärlek som personen ger sitt offer till Gud. Sedan tar Han emot personens överlåtelse och kärlek.

Att slakta ett djur för att ge till Gud som ett brännoffer visar att vi ger Gud våra liv och lyder allt Han har befallt oss att göra. Med andra ord, brännoffrets andliga betydelse är att vi fullständigt lever efter Guds ord och offrar varje aspekt av våra liv till Honom på ett rent och heligt sätt.

Med dagens termer handlar det om att vi i våra hjärtan lovar att ge våra liv till Gud i enlighet med Hans vilja genom att gå på möten vid påsken, skördefesten, tacksägelsefesten, julen och varje söndag. Genom att tillbe Gud varje söndag och hålla söndagen helig är det bevis på att vi är Guds barn och att vår ande tillhör Honom.

2. Ett offer till brännoffret

Gud befallde att offer som brännoffer måste vara "ett felfritt djur av hankön" vilket symboliserar fullkomlighet. Han vill ha hankön eftersom de generellt sätt anses vara mer trogna sina principer än honkön. De vacklar inte fram och tillbaka och från vänster till höger, är inte listiga och ger inte efter för trycket. Det faktum att Gud också vill att offret ska vara "felfritt" betyder att man ska tillbe Honom i ande och sanning, och får inte tillbe Honom med en bruten ande.

När vi ger gåvor till våra föräldrar tar de glatt emot dem när vi ger med kärlek och omsorg. Om vi ger motvilligt kan våra föräldrar inte ta emot det med glädje. På samma sätt tar inte heller Gud emot tillbedjan som ges till Honom utan glädje eller som ges under trötthet, dåsighet eller om vi har lata tankar. Han kommer gladeligen acceptera vår tillbedjan men bara då djupet av våra hjärtan är uppfyllda av hoppet om himlen, tacksamhet för nåden i frälsningen och för vår Herres kärlek. Bara då kan Gud ge oss ett sätt att undkomma frestelser och lidanden på och låta alla våra vägar ha framgång.

Den "ungtjur" som Gud befallde i 3 Mosebok 1:5 som ska offras ska vara en ung tjur som ännu inte har parats, och andligt handlar det om Jesu Kristi renhet och integritet. Denna vers bär alltså med sig Guds längtan om att vi ska komma inför Honom med rena och uppriktiga hjärtan, som barn. Det är inte det att

Han vill att vi ska uppföra oss barnsligt eller omoget utan det handlar om att vi ska ta efter det lilla barnets hjärta som är så enkelt, lydigt och ödmjukt.

En ungtjurs horn har ännu inte vuxit ut så tjuren kan inte utgjuta blod och den är utan ondska. Dessa egenskaper är också sådana egenskaper som Jesus Kristus har, som är mild, mjuk och ödmjuk som ett barn. Eftersom Jesus Kristus är oklanderlig och fullkomlig Guds Son, måste offret som liknar Honom också vara oklanderligt och fläckfritt.

I Malaki 1:6-8 tillrättavisar Gud Israels folk med starka ord för att de gav Honom sjuka och ofullkomliga offer:

En son hedrar sin far, en tjänare sin herre. Om jag nu är en far, var är du den heder som borde visas mig? Och om jag är en herre, var är då fruktan för mig? Detta säger HERREN Sebaot till er präster som föraktar mitt namn. Och ni frågar: "På vilket sätt har vi föraktat ditt namn?" Jo, genom att ni på mitt altare offrar oren mat. Och ni frågar: "På vilket sätt har vi kränkt din renhet?" Genom att ni säger: "HERRENS bord betyder ingenting." Om ni bär fram ett blint djur som offer, är inte det något ont? Om ni bär fram det som är lamt och sjukt, är inte det något ont? Kom med sådant till din ståthållare! Tror du han blir glad och tar nådigt emot dig? säger HERREN Sebaot.

Vi måste ge fläckfria, oklanderliga och fullkomliga offer genom att tillbe Honom i ande och sanning.

3. Olika offers betydelse

Rättens och barmhärtighetens Gud ser till människans hjärta. Därför är Han inte intresserad av offrets storlek, värde eller hur mycket offret kostade utan hur mycket varje person utifrån personens egna omständigheter gav sitt offer med tro. Som Han säger oss i 2 Korinterbrevet 9:7, "Var och en ska ge vad han har bestämt sig i sitt hjärta, inte med olust eller tvång, för Gud älskar en glad givare" tar Gud gladeligen emot när vi ger Honom med glädje utifrån våra egna omständigheter.

I 3 Mosebok 1, förklarar Gud i detalj hur ungtjurar, får, getter och fåglar ska offras. Men trots att en felfri ungtjur är det lämpligaste att ge till Gud som ett brännoffer, finns det de som inte har råd med ungtjurar. Det är därför som Han i sin nåd och medkänsla tillåter att människor ger får, getter eller duvor till Honom, utifrån vars och ens personliga omständigheter och möjligheter. Vilken andlig betydelse har detta?

1) Gud tar emot offer som ges till Honom utifrån personens egen förmåga.

Den ekonomiska förmågan och människors omständigheter varierar; en liten summa för en kan vara en stor summa för en annan. Av denna orsak tog Gud gladeligen emot får, getter eller duvor som människor offrade till Honom utifrån deras egen förmåga. Det är Guds rättvisa och kärlek genom vilken Han låter alla, vare sig man är rik eller fattig, delta i offrandet utifrån vars och ens kapacitet.

Gud kommer inte glatt ta emot en get som getts till Honom

av en som kunde haft råd att offra en tjur. Men Gud kommer gladeligen ta emot och skyndsamt svara personens längtan i hjärtat som har gett Honom en tjur när han egentligen bara hade haft råd med ett får. Oavsett om det var en tjur, ett får, en get eller en duva som offrades sade Gud att det var en ljuvlig doft för Honom (3 Mosebok 1:9, 13, 17). Detta betyder, att medan det finns en skillnad i vilken nivå av offer man ger, finns det ingen skillnad mellan dem vad gäller ljuvlig doft när vi ger dem till Gud från djupet av våra hjärtan eftersom Gud ser till människans hjärta.

I Markus 12:41-44 utspelar sig en scen då Jesus berömmer en fattig änka för hennes offer. De två små kopparmynten hon gav var den minst värdefulla valören på den tiden, men för henne var det allt hon hade. Oavsett hur litet ett offer är blir det ett offer som Han har behag till när vi ger det till Gud utifrån vår förmåga och är glada för det.

2) Gud tar emot tillbedjan utifrån personens intellekt.

När man lyssnar till Guds Ord finns det en skillnad mellan hur man förstår och tar till sig nåden beroende på ens intellekt, utbildningsbakgrund och kunskap. Det går att se skillnad mellan människor som är smartare och som har studerat mer, att de har en större förmåga att förstå och komma ihåg Guds Ord i en gudstjänst, än de i samma i gudstjänst som inte är lika intelligenta och som inte har spenderat lika mycket tid på utbildning. Och eftersom Gud vet om detta vill Han att var och en ska tillbe utifrån det egna intellektet, från djupet av hans hjärta och förstå och leva efter Guds Ord.

3) Gud tar emot tillbedjan utifrån personens ålder och mentala tillstånd.
När människor blir äldre börjar minnet och förståelsen att svikta. Det är därför det finns så många äldre som inte kan komma ihåg eller förstå Guds ord. Men ändå är det så att när sådana människor överlåter sig själva till tillbedjan med ett uppriktigt hjärta, vet Gud hur alla har det och tar gladeligen emot deras tillbedjan.

Kom ihåg att när någon tillber under den Helige Andes inspiration kommer Guds kraft vara med honom även om han saknar vishet eller kunskap, eller om han är gammal. Genom den Helige Andes verk hjälper Gud honom att förstå och göra bröd av Ordet. Ge därför inte upp och säg "Jag klarar det inte" eller "Jag har försökt men jag kan inte ändå", utan se till att du gör allt du gör från djupet av ditt hjärta och sök Guds kraft. Vår Gud som är kärleken kommer gladeligen ta emot offer som ges till Honom efter personens yttersta kraftansträngning och utifrån personens situation och tillstånd. Det är därför Han har skrivit så detaljerat om offer till brännoffer i 3 Moseboken och visar Hans rättfärdighet på detta sätt.

4. Offra tjurar (3 Mosebok 1:3-9)

1) Felfria ungtjurar vid ingången till uppenbarelsetältet
Inne i tabernaklet finns helgedomen och det Allra heligaste. Bara den som var präst fick gå in i helgedomen och enbart översteprästen fick gå in i det Allra heligaste, och det en gång om året. Det är därför som vanliga människor, som inte fick gå in i

helgedomen, fick offra ungtjurar som brännoffer vid ingången till uppenbarelsetältet.

Men eftersom Jesus har förgjort syndamuren som stod i vägen mellan Gud och oss, kan vi nu ha direkt och nära gemenskap med Gud. Människor i Gamla testamentet offrade vid ingången till uppenbarelsetältet med sina gärningar. Men nu när den Helige Ande har tagit sin boning i våra hjärtan och gjort det till sitt tempel och har gemenskap med oss idag, har vi i nytestamentlig tid fått rätten att gå inför Gud in i det allra heligaste.

2) Lägga handen på brännoffrets huvud för att överföra synd och sedan slakta

I 3 Mosebok 1:4 och vidare läser vi: "Han skall lägga sin hand på brännofferdjurets huvud, och det blir då välbehagligt och till försoning för honom. Han skall slakta ungtjuren inför HERRENS ansikte." Att lägga handen på brännofferdjurets huvud symboliserar att personens synd överförs till brännoffret och bara då kommer Gud ge förlåtelse för synd genom blodet från brännoffret.

Handpåläggning betyder också, i tillägg till överföring av synd, att man förmedlar välsignelser och smörjelse. Vi vet att Jesus lade sin hand på barnen som Han välsignade och när Han botade de sjuka från sjukdomar och svagheter. Genom handpåläggning förmedlade apostlarna den Helige Ande till andra människor och gåvor blev starkare genom det. Handpåläggning uttryckte också en utkorelse som betydde att föremålet var givet till Gud. Och när en Herrens tjänare lägger sin hand på olika offer betyder det att de har getts till Gud. Uttalandet om välsignelser i slutet av gudstjänsterna eller när man avslutar ett möte eller ett bönemöte med Herrens bön syftar till att Gud med glädje ska ta emot dessa gudstjänster eller möten. I 3 Mosebok 9:22–24 står det om då översteprästen Aron som "lyfte upp sina händer över folket och välsignade dem" efter att ha gett synd- och brännoffren till Gud i enlighet med de sätt som Gud hade föreskrivit. När vi har helgat Herrens dag och avslutat gudstjänsten med välsignelsen beskyddar Gud oss från fienden djävulen och Satan likväl som från frestelser och lidanden och Han låter oss njuta av överflödande välsignelser

Vad betyder det att man ska slakta en felfri ungtjur som ett brännoffer? Eftersom syndens lön är döden, var människor tvungen att slakta djur å sina vägnar. En ungtjur som ännu inte hade parat sig är lika bedårande som ett oskyldigt barn. Gud vill att varje person som offrar ett brännoffer skulle offra det med samma hjärta som ett oskyldigt barn och aldrig begå synder igen. Han ville att det skulle leda till att varje person omvände sig från sina synder och ändrade sig i hjärtat.

Aposteln Paulus var väl medveten om vad Gud ville och det var därför som han, till och med efter att han tagit emot förlåtelsen för sina synder och makten och kraften att bli ett Guds barn, "dog dagligen". Han tillstod i 1 Korinterbrevet 15:31, "Jag dör varje dag, så sant som jag i vår Herre Kristus Jesus är stolt över er, bröder" eftersom vi bara kan offra vår kropp som ett heligt och levande offer till Gud när vi har gjort oss av med allt som står emot Gud, som till exempel ett hjärta fullt med osanningar, arrogans, girighet, sina egna tankars ramverk, ens egen självrättfärdighet, och allt annat som är ont.

3) Prästen stänker blodet runt altaret

Efter att man har slaktat ungtjuren, vars synder den personen som offrade har överförts till, stänker prästen blodet runt altaret vid ingången till uppenbarelsetältet. Det beror på, som vi läser i 3 Mosebok 17:11 att, "Ty kroppens liv är i blodet, och jag har givit er det till altaret, till att bringa försoning för era själar. Det är blodet som bringar försoning" blodet symboliserar liv. Av samma orsak utgöt Jesus sitt blod för att försona oss från synd.

Med "på altaret" menas runt om - österut, västerut, norrut, och söderut, eller kort sagt, "vart man än går". Stänka på blodet "runt altaret" betyder att människans synder är förlåtna vart han än går. Det betyder att vi får ta emot förlåtelse för alla synder som man begått och får inriktningen på den väg som Gud vill att vi ska gå, och bort från den riktning vi måste hålla oss borta från mest av allt.

Det är på samma sätt idag. Altaret är predikstolen från vilken Guds Ord blir predikat och Herrens tjänare, som leder gudstjänsten, är som prästen som stänker blodet på altaret. Under gudstjänsterna hör vi Guds Ord och genom tro och med kraften i vår Herres blod, får vi förlåtelse för allt vi gjort som står i motsats till Guds vilja. När vi väl har blivit förlåtna våra synder genom blodet måste vi se till att vi enbart går på den väg som Gud vill att vi ska gå på och gå på ett sådant sätt att vi alltid håller oss bort från att synda.

4) Flå brännoffret och stycka det

Ett djur som offras som brännoffer måste först bli flått och sedan brännas upp helt och hållet av elden. Djurhudar är mycket hårda och svåra att bränna upp helt och hållet och de luktar illa när de bränns. För att ett djur därför skulle bli ett offer med ljuvlig doft måste det först flås. Vad i gudstjänsten kan jämföras med denna procedur?

Gud känner väldoften från en person som tillber Honom och Han tar inte emot något som inte luktar gott. För att tillbedjan ska vara en ljuvlig doft för Gud måste vi "göra oss av med sådant i vårt yttre som är fläckat av världen och komma inför Gud på ett gudfruktigt och heligt sätt". I våra liv kommer vi hela tiden i kontakt med olika livsstilar som inte kan anses vara syndfulla inför Gud, men som ändå är långt ifrån gudfruktiga och heliga. Sådana världsliga yttre attribut som fanns i oss innan vi blev kristna kanske fortfarande finns kvar, och sådant som kan komma i fråga är till exempel överdådighet, fåfänga och skrytsamhet.

Det finns till exempel de som tycker om att gå i affärer och "fönster-shoppa" så de går regelbundet ut på stan för att handla. Andra är beroende av tv eller dataspel. Om våra hjärtan blir erövrade av sådant kommer vi växa bort från Guds kärlek. Och om vi dessutom undersöker oss själva kommer vi kunna finna fler uttryck för osanningar där vi är fläckade av världen och har uttryck som inte är fullkomliga inför Gud. För att bli fullkomliga inför Gud måste vi göra oss av med allt detta. När vi kommer för att tillbe inför Honom måste vi först göra oss av med alla världsliga livsstilar och våra hjärtan måste vara mer gudfruktiga och heliga. Att omvända sig från syndfulla, orena och ofullkomliga attribut som är fläckar från världen innan en gudstjänst är detsamma som att flå brännoffersdjuret. För att kunna göra det måste vi förbereda oss i våra hjärtan genom att komma tidigare till gudstjänsterna. Se till att ge Gud en tacksamhetsbön för att Han har förlåtit dig alla dina synder och för att Han har beskyddat dig, och offra en omvändelsebön i det att du undersöker dig själv.

När någon offrade djur till Gud som hade flåtts, styckats och bränts, gav Gud i gengäld förlåtelse till människan för hennes överträdelser och synder, och lät prästen använda den kvarvarande huden för vadhelst han ansåg att det behövdes till. Att "stycka" handlar om att separera lemmarna från kroppen – dess huvud, ben, sidor och fettet.

När vi serverar frukter som vattenmelon eller äpplen till de äldre ger vi dem inte hela frukten; vi skalar den och serverar på ett vackert sätt. När vi ger offer till Gud är det på samma sätt, vi bränner inte hela offret utan presenterar offret för Honom på ett ordnat och trevligt sätt.

Vilken andlig betydelse har "styckandet" i offrandet?

Det finns för det första en indelning av olika typer av gudstjänster som offras till Gud. De är söndagens morgongudstjänst och kvällsgudstjänst, onsdagens kvällsmöte och fredagens bönenatt. Att dela upp gudstjänsten på detta sätt kan jämföras med att "stycka" offret.

För det andra kan innehållet i våra böner jämföras med att "stycka" offret. Bönen brukar allmänt sett delas upp i bön om omvändelse och driva ut onda andar efterföljt av tacksamhetsbön. Sedan börjar man be för församlingen på olika sätt; för uppbyggandet av Helgedomen; för pastorerna och församlingsarbetarna; för att kunna utföra det uppdrag man har; för att det ska stå väl till med ens själ; efter sådant man längtar efter i hjärta samt den avslutande bönen.

Vi kan givetvis be medan vi är ute och går, kör bil eller tar en rast. Vi kan ha tider av gemenskap i stillhet medan vi tänker på och mediterar på Gud och vår Herre. Tänk på att sätta av tid för meditation, att be ut alla böneämnen – ett och ett då det är lika viktigt som att stycka offret i delar. Gud kommer då gladeligen acceptera dina böner och svara dig snabbt.

Det tredje vad gäller "stycka" är att det betyder att Guds Ord som helhet är uppdelat i 66 böcker. De 66 böckerna i Bibeln förklarar den levande Gudens enhet och Hans försyn i frälsningen genom Jesus Kristus. Trots att Guds Ord är uppdelat i individuella böcker, passar Hans Ord i varje bok ihop på ett otvivelaktigt sätt. När Guds Ord delas upp i olika ämnen, blir Guds vilja mer överskådlig på ett systematiskt sätt och det blir lättare för oss att göra bröd av det.

För det fjärde, och denna punkt är den viktigaste av dem alla, att "stycka" offret betyder att gudstjänsten i sig är uppdelad och består av flera olika komponenter. Omvändelsens bön innan gudstjänsten börjar efterföljs av den första delen, en kort tid av meditation som förbereder för och startar mötet, och sedan slutar mötet med antingen Herrens bön eller en välsignelse. Däremellan sker inte bara en predikan av Guds Ord utan också förbön, lovsång, Bibelläsning, offer och andra delar. Varje del har sin unika betydelse och tillbedjan i en viss ordning kan jämföras med att man styckar sitt offer i delar.

Precis som när offrets alla delar bränns som brännoffer, måste vi överlåta oss själva till gudstjänsten från början till slutet, genom hela mötet. Deltagarna ska inte komma för sent eller ställa sig upp och lämna mötet för att göra något av personlig karaktär om det inte är absolut nödvändigt. Det finns de som måste utföra frivilliguppgifter i församlingen, som till exempel att vara mötesvärdar och i sådana fall kan du få tillåtelse att lämna din plats i förtid. Det kan finnas dem som verkligen vill komma i tid till onsdagens kvällsmöte eller fredagens bönenatt men på grund av arbete eller andra omständigheter som de inte kan påverka tvingas komma senare. Men i de fallen ser Gud till deras hjärtan och tar emot deras tillbedjans väldoft.

5) Prästen gör upp eld på altaret och lägger veden på elden

Efter att prästen har styckat offret måste han göra iordning allt vid altaret och göra upp eld. Det är därför som prästen får instruktionen att "göra upp eld på altaret och lägga veden på elden". Här betyder "elden" andligt sett den Helige Andes eld och "veden på altaret" handlar om Bibelns sammanhang och innehåll. Alla ord i de 66 böckerna i Bibeln ska användas som ved. Att "lägga veden på elden" betyder, i andliga termer, att man gör andligt bröd av varje ord som Bibeln innehåller mitt i det som den Helige Ande gör.

I Lukas 13:33 säger Jesus till exempel, "för det passar sig inte att en profet dödas någon annanstans än i Jerusalem". Ett försök att tolka denna vers bokstavligen kommer inte att fungera, eftersom vi vet att många gudsmänniskor som aposteln Paulus och Petrus dog "utanför Jerusalem". Men "Jerusalem" i den här versen handlar inte om den fysiska staden, utan om en stad som bär Guds hjärta och vilja, vilket är det "andliga Jerusalem" som i sin tur är "Guds Ord". Därför betyder "det passar sig inte att en profet dödas någon annanstans än i Jerusalem" att en profet lever och dör inom Guds Ords innehåll.

Det går bara att förstå vad vi läser i Bibeln och predikningarna som vi lyssnar till under gudstjänsterna genom den Helige Andes inspiration. Alla delar av Guds Ord som är bortom människans kunskap, tankar och spekulationer kan förstås genom den Helige Andes inspiration och då kan vi tro på Ordet från djupet av våra hjärtan. För att summera: vi växer bara andligt när vi har förstått Guds Ord genom den Helige Andes gärningar och inspiration vilket gör att Guds hjärta flyttar in i vårt och slår rot där.

6) Lägga styckena, huvudet och fettet ovanpå veden som briner på altaret

I 3 Mosebok 1:8 står det, "Sedan skall Arons söner, prästerna, lägga styckena, huvudet och fettet ovanpå veden som brinner på altaret". För brännoffret var prästen tvungen att lägga styckena, likväl som huvudet och fettet, på altaret.

När huvudet på offret brinner betyder det att det bränner bort alla osanna tankar som härstammar från våra huvuden. Det är för att våra tankar ursprungligen kommer från huvudet och de flesta synder startar i huvudet. Människor i den här världen anser inte att någon är en syndare om hans synd inte syns i handling. Men precis som vi läser i 1 Johannes brev 3:15, "Den som hatar sin broder är en mördare" kallar Gud att ha hat inom sig för en synd.

Jesus återlöste oss från vår synd för 2 000 år sedan. Han har friköpt oss från synder vi har begått, inte bara med våra händer och fötter, utan också med vårt huvud. Jesus spikades fast genom sina händer och fötter för att friköpa oss från våra synder som vi begått med våra händer och fötter, och Han bar törnekronan för att friköpa oss från synder som vi begått i våra tankar som kommer från våra huvuden. Eftersom vi redan har blivit förlåtna de synder som vi begått med våra tankar behöver vi inte offra ett djurhuvud till Gud som offer längre. Istället för ett djurs huvud behöver vi bränna våra tankar med den Helige Andes eld, och det gör vi genom att göra oss av med osanna tankar och att tänka sanna tankar hela tiden.

När vi har sanna tankar i oss hela tiden, kommer vi inte längre ha osanna eller lata tankar. Precis som den Helige Ande leder människor till att göra sig av med lata tankar och att koncentrera sig på budskapet och gravera in det i sina hjärtan under gudstjänsten, kommer de kunna offra andlig tillbedjan till Gud som Han tar emot.

Fettet, som är det hårda fettet på ett djur, är dessutom källan till energi och liv. Jesus blev ett offer till den grad att Han utgöt allt sitt blod och vatten. När vi tror på Jesus som vår Herre, kommer vi inte längre behöva offra djurfett till Gud. Men att "tro på Herren" blir inte uppfyllt bara genom läpparnas bekännelse, "Jag tror". Om vi verkligen tror att Herren har friköpt oss från synden, måste vi göra oss av med synden, bli förvandlade av Guds Ord, och leva helgade liv. Även under lovsången måste vi ta fram all vår energi – vår kropp, vårt hjärta, vår vilja, och göra vårt bästa – och offra andlig gudstjänst till Gud. En person som gör sitt bästa i lovsången kommer inte bara kunna lagra Guds Ord i sitt huvud – han kommer få ner det i sitt hjärta. Bara när Guds Ord når ens hjärta kan det bli liv, styrka, och välsignelser för ande och kött.

7) Prästen tvättar inälvorna och fötterna i vatten och bränner alltsammans på altaret

Medan andra delar offras som de är, befaller Gud att inälvorna och fötterna, djurets orena delar, ska tvättas i vatten innan de offras. Att "tvätta i vatten" betyder att man tvättar bort det orena i personen som offrar offret. Vilka orenheter talas det om? Medan människor på Gamla testamentets tid tvättade bort offrets orenhet, måste människor på Nya testamentets tid tvätta bort orenheten från hjärtat.

I Matteus 15 står det om ett tillfälle då fariséerna och skriftlärda tillrättavisar Jesu lärjungar för att de brukade äta med orena händer. Till dem säger Jesus, "Det som går in i munnen gör inte människan oren. Det är det som kommer ut ur munnen som gör henne oren" (v. 11). Det som går in i munnen kommer

Brännoffret · 61

ut när det är färdigprocesserat, men det som kommer ut ur munnen kommer från hjärtat och det har varaktiga effekter. Jesus fortsätter i verserna 19-20, "För från hjärtat kommer onda tankar, mord, äktenskapsbrott, sexuell omoral, stöld, falskt vittnesbörd och hädelser. Sådant gör människan oren. Men att äta utan att tvätta händerna gör inte människan oren" måste vi tvätta bort synden och ondskan från hjärtat med Guds Ord.

Ju mer av Guds Ord som har kommit in i våra hjärta, desto mer kommer synd och ondska försvinna och tvättas bort från oss. Om någon till exempel gör bröd av kärlek och lever av det, kommer hatet försvinna. Om någon gör bröd av ödmjukhet, kommer det ta plats i stället för arrogans. Om någon gör bröd av sanningen, kommer falskhet och bedrägligt leverne försvinna. Ju mer man gör bröd av sanningen och lever av det, desto mer av den syndfulla naturen kommer man kunna göra sig av med. Ens tro kommer automatiskt att växa sig starkare och nå det måttet som är Kristi fullhet. Beroende på hur stor ens tro är, kommer Guds kraft och makt vara med en. Man kommer inte bara kunna ta emot det man längtar efter i sitt hjärta, man kommer också få uppleva välsignelser på varje område av ens liv.

Bara när inälvorna och fötterna har tvättats och alla delar har lagts på elden kommer de att sprida en ljuvlig väldoft. 3 Mosebok 1:9 kallar detta för "ett eldsoffer till en ljuvlig doft för HERREN." När vi ger den andliga tillbedjan i ande och sanning i enlighet med Hans Ord angående brännoffer, kommer den tillbedjan som offras på eld vara den som Gud finner behag i och som gör att Hans svar kan komma. Vårt tillbedjande hjärta kommer vara en ljuvlig doft inför Gud och om Han finner behag i det, kommer Han att ge oss framgång på alla områden av våra liv.

5. Offra får eller getter (3 Mosebok 1:10–13)

1) Ett felfritt årsgammalt djur av hankön, ett får eller en get

I likhet med tjuroffret, måste offret, oavsett om det är ett får eller en get, vara ett årsgammalt djur av hankön. I andliga termer handlar det att ge ett felfritt offer om att ge tillbedjan inför Gud med ett fullkomligt hjärta som är fyllt av glädje och tacksamhet. Guds befallning att ett djur av hankön skulle offras betyder att "tillbedjan ska ges med ett fast hjärta utan villrådighet." Medan offret kan bero på personernas ekonomiska omständigheter måste ändå attityden hos personen som offrar alltid vara helig och fullkomlig, oavsett vilket offer man frambär.

2) Offret måste slaktas på altarets norra sida, och prästen stänker dess blod runt omkring på altaret

Som i likhet med tjuroffret betyder stänkningen av djurets blod runt alla sidor på altaret om att ta emot förlåtelse för alla synder som begåtts överallt – österut, västerut, norrut och söderut. Gud lät försoningen ske genom djurets blod som offrades till Honom i människans ställe.

Varför befallde Gud att offret skulle slaktas på altarets norra sida? "Norrut" eller "den norra sidan symboliserar andligen kyla och mörker; det är ett uttryck som ofta används för att tala om att Gud tuktar eller tillrättavisar något som Han inte har behag till.

I Jeremia 1:14–15 läser vi,

"Från norr skall olyckan välla in över alla som bor i landet. Se, jag skall kalla på stammar i rikena norrut, säger HERREN. De skall komma och sätta upp var och en sin tron vid ingången till Jerusalems portar och vid dess murar runt omkring och vid alla Juda städer."

I Jeremia 4:6 säger Gud till oss, "Sök skydd, stanna inte! Ty jag skall låta olyckan komma från norr med stor förödelse." Som vi ser i Bibeln handlar "från norr" om att Gud tuktar och tillrättavisar, och därför behövde djuret som blev offrat i människans ställe, slaktas "på den norra sidan", som en symbol för förbannelsen.

3) Offret ska styckas och placeras på träet med dess huvud och fett; inälvorna och fötterna tvättas med vatten; allt offras upp sedan på altaret

På samma sätt som brännoffret från tjurar, kan även brännoffer från ett får eller en get också ges till Gud för att få förlåtelse för synder som vi har begått med våra huvuden, händer och fötter. Gamla testamentet är en skuggbild och Nya testamentet är dess riktiga form. Gud vill att vi ska ta emot förlåtelse för synder inte bara baserat på gärningar, utan genom att våra hjärtan blir omskurna och att vi lever efter Hans Ord. Det är att offra en andlig gudstjänst till Gud med hela vår kropp, hela vårt hjärta och vilja, och att göra bröd av Guds Ord genom den Helige Andes inspiration för att kunna göra oss av med osanningar och leva i enlighet med sanningen.

6. Offra fåglar (3 Mosebok 1:14-17)

1) En turturduva eller en ung duva

Duvor är de mildaste och smartaste av alla fåglar, och de lyder dessutom människor. Eftersom deras kött är mört och duvor i allmänhet har många fördelar för människan befallde Gud att turturduvor eller unga duvor skulle offras. Av duvor ville Gud att unga duvor skulle offras eftersom Han ville ta emot rena och milda offer. Dessa drag som unga duvor har symboliserar Jesu ödmjukhet och mildhet, Han som har blivit ett offer.

2) Prästen bär fram offret till altaret, vrider huvudet av det, fläker upp fågeln vid vingarna men ska inte slita loss dem; sedan bränner prästen den på altaret, blodet kramas ut på altarets sida

Eftersom unga duvor är väldigt små till storleken kan de inte dödas och sedan styckas i bitar, och bara en liten mängd blod blir utgjuten. Det är därför som den, till skillnad från andra djur som slaktas på altarets norra sida, offras genom att dess huvud blir avvridet och blodet kramas ur den; denna del inkluderar även att man lägger handen på duvans huvud. Medan offerblodet måste stänkas på altaret sker försoningsceremonin bara när blodet kramas ut på altarets sida på grund av den lilla mängd blod som duvan har.

Eftersom duvan dessutom är liten skulle en duva som

styckades bli oigenkännlig. Det är därför det ska se ut som att man fläker upp fågeln vid vingarna, men utan att man skiljer vingarna från kroppen. För fåglarna är vingarna lika med livet. Det faktum att en duva fläks vid vingarna symboliserar att människan fullständigt måste ge sig själv till Gud och till och med ge sitt liv till Honom.

3) Offrets krävan med dess orenhet skall kastas på askhögen vid östra sidan av altaret

Innan prästen lägger fågeloffret på elden som ett offer, kastas fågelns krävan, mage, och dess orenhet bort. Medan tjurars, fårs och getters inälvor inte kastas bort utan bränns efter att de har tvättats med vatten, har Gud tillåtit duvans inälvor att kastas bort då det är svårt att rengöra duvans lilla mage och inälvor. Handlingen av att man kastar bort duvans mage och orenheter, handlar precis som med de orena delarna av tjurarna och fåren, om att vi ska rena våra orena hjärtan och uppföranden i det förgångna i synden och ondskan genom att tillbe Gud i ande och sanning.

En fågels mage med dess orenheter måste kastas bort på askhögen vid östra sidan av altaret. Vi läser i 1 Mosebok 2:8 att Gud, "planterade en trädgård i Eden, österut". Den andliga betydelsen av "österut" är en plats som omges av ljus. Även på Jorden där vi lever är öster den riktning där solen går upp och när solen väl har gått upp, är nattens mörker bortdrivet.

Vilken betydelse har det att kasta duvans mage och dess orenheter vid östra sidan av altaret?

Detta symboliserar att vi ska komma inför Herren, som är

Ljuset, efter att vi har gjort oss av med alla orenheter från synden och ondskan genom att ge ett brännoffer till Gud. Som vi läser i Efesierbrevet 5:13, "Men allt som avslöjas av ljuset blir synligt, för allt som uppenbaras är ljus", måste vi göra oss av med syndens och ondskans orenheter som vi har upptäckt och bli Guds barn genom att komma inför Ljuset. Att därför göra sig av med ett offers orenheter österut betyder andligt att vi, som har levt mitt i andlig orenhet – synd och ondska – gör oss av med synder och blir Guds barn.

Genom tjurar, får, getter och fåglars brännoffer kan vi förstå Guds kärlek och rättvisa. Gud befallde att brännoffer skulle ges eftersom Han ville att Israels folk skulle leva varenda stund i livet i direkt och nära förhållande med Honom genom att alltid ge Honom brännoffer. När du tänker på detta hoppas jag att du kommer att tillbe i ande och sanning, och inte bara hålla Herrens dag helig, utan också offra ditt hjärtas väldoft till Gud alla årets 365 dagar. Då kommer vår Gud som har lovat oss, "och ha din glädje i HERREN. Då ska han ge dig vad ditt hjärta begär" (Psaltaren 37:4), att översköja oss med framgång och fantastiska välsignelser var vi än går.

Kapitel 4

Matoffret

"När någon vill bära fram ett matoffer åt HERREN, skall hans offer bestå av fint mjöl, och han skall hälla olja på det och lägga rökelse ovanpå."

3 Mosebok 2:1

1. Matoffrets betydelse

3 Mosebok 2 förklarar vad matoffret är och hur det ska offras till Gud så att det kan bli ett levande och heligt offer som Han har behag till.

Som vi läser i 3 Mosebok 2:1, "När någon vill bära fram ett matoffer åt HERREN, skall hans offer bestå av fint mjöl" är ett matoffer ett offer som ges till Gud av fint mald säd. Det är ett tackoffer till Gud som har gett oss livet och som ger oss dagligt bröd. I dagens termer betyder det att man ger ett tackoffer till Gud under söndagsgudstjänsten för att Han har beskyddat oss under den gångna veckan.

I offer som ges till Gud måste utgjutande av blod från djur som tjurar eller får offras som syndoffer. Det beror på att förlåtelse från våra synder genom djurblodets utgjutelse försäkrar att våra böner och vår åkallan till den Helige Guden levereras till Honom. Men ett matoffer är ett tackoffer och kräver generellt sett inte att man utgjuter blod och det ges vid sidan av brännoffret. Människor gav Gud deras förstlingsfrukt och andra goda ting från den säd man hade skördat som ett matoffer för att Han hade givit dem säd som växte, gav dem mat och beskyddade dem tills det var dags för skörd.

Det var oftast mjöl som offrades som matoffer. Fint mjöl, bakat i ugn, och grönskuren säd användes, och alla offer beströddes med olja och salt och sedan lades rökelse till det. Sedan offrades en handfull av offret i eld för att behaga Gud med väldoften.

Vi läser i 2 Mosebok 40:29, "Brännoffersaltaret ställde han vid ingången till uppenbarelsetältets tabernakel och offrade på det brännoffer och matoffer, så som HERREN hade befallt Mose." att Gud befallde att när ett brännoffer skulle ges skulle ett matoffer ges på samma gång. Därför har vi bara gett Gud en komplett andlig gudstjänst när vi har gett Honom tacksamhetsoffer på söndagsgudstjänsterna.

Ordet "matoffer" kommer från orden "offer" och "gåva". Gud vill inte att vi ska komma tomhänta till olika gudstjänster utan visa vårt tacksamma hjärta i gärningar genom att ge tackoffer till Honom. Det är därför Han säger till oss i 1 Tessalonikerbrevet 5:18, "och tacka Gud i allt. Detta är Guds vilja med er i Kristus Jesus" och i Matteus 6:21, "För där din skatt är, där kommer också ditt hjärta att vara."

Varför måste vi tacka Gud i allt och offra matoffer till Gud? För det första har hela mänskligheten varit på förödelsens väg på grund av Adams olydnad, men Gud gav oss Jesus i vårt ställe, för våra synder. Jesus har återlöst oss från synd och genom Honom har vi fått evigt liv. Eftersom Gud, som har skapat allt i hela universum och människan, nu är vår Far, kan vi få del av makten som Guds barn. Han har låtit oss få del i den eviga himlen så hur skulle det kunna vara annat än att vi är tacksamma till Honom?

Gud ger oss också solen och kontrollerar regnen, vindarna, och det klimat vi njuter av så att vi kan skörda i överflöd genom vilken Han ger oss vårt dagliga bröd. Vi måste tacka Honom. Det är dessutom Gud som beskyddar var och en av oss från denna värld där det finns så mycket synd, orättfärdighet, sjukdomar och olyckor. Han svarar våra böner som vi offrar med tro och välsignar oss alltid så vi kan leva ett segerrikt liv. Så än en gång, hur skulle vi kunna annat än att tacka Honom!

2. Offer till matoffret

I 3 Mosebok 2:1 säger Gud, "När någon vill bära fram ett matoffer åt HERREN; skall hans offer bestå av fint mjöl, och han skall hälla olja på det och lägga rökelse ovanpå." Säd som offras till Gud som ett matoffer måste vara ordentligt malt. Guds befallning att mjölet skulle vara "fint" talar om det slags hjärta med vilket vi måste ge Honom offren. För att göra fint mjöl av säden, måste säden genomgå en process där det skalas, mals och silas. Dessa tre steg kräver mycket kraft och omsorg. Säd som har malts till fint mjöl ser väldigt tilltalande ut och är mycket smakrikt.

Den andliga betydelsen bakom Guds befallning att matoffret skulle bestå av "fint mjöl" betyder att Gud kommer ta emot offer som förberetts med yttersta noggrannhet och i glädje. Han tar gladeligen emot när vi visar Honom hjärtats tacksamhet i handling, inte bara när vi tackar Honom med våra läppar. Därför behöver vi se till att vi ger vårt tionde och tacksamhetsoffer med hela vårt hjärta så att Gud med glädje tar emot dem.

Gud är den som styr över allt och Han har befallt människan att offra till Honom, men inte för att Han skulle sakna något. Han har makten att få varje persons rikedom att växa och också att ta ifrån någon det han äger. Orsaken till att Gud vill ta emot offer från oss är för att Han vill kunna välsigna oss ännu mycket mer och i överflöd genom de offer vi ger till Honom med tro och i kärlek.

Som vi ser i 2 Korinterbrevet 9:6, "Den som sår sparsamt får skörda sparsamt, och den som sår rikligt får skörda rikligt," är skörd efter hur mycket man har sått en lag i den andliga världen. Eftersom Han vill kunna välsigna oss ännu mycket mer, lär Gud oss att ge Honom tackoffer.

När vi tror på detta och ger offer, måste vi naturligtvis ge med hela vårt hjärta, precis som om vi skulle ge Gud ett offer av fint mjöl, och vi måste ge Honom det dyrbaraste som offer, som är fläckfritt och rent.

"Fint mjöl" symboliserar också Jesu natur och liv, som är fullkomligt alltigenom. Det lär oss också att precis som vi gör fint mjöl med vår yttersta omsorg, måste vi leva liv i hårt arbete och lydnad.

När folket offrade matoffer som eldsoffer på altaret malde man först mjöl av säden, därefter blandade man mjölet med olja och bakade det i ugnen eller tillredde det i panna. Det att matoffret tillreddes på olika sätt betyder att de sätt som man tjänade sitt levebröd så väl som varför man offrade tacksamhet var olika.

I tillägg till orsakerna som gör att vi alltid tackar Gud på söndagar, kan vi med andra ord tacka för att vi fått ta emot välsignelser eller svar på det vi längtade efter i våra hjärtan; för att vi har övervunnit frestelser och prövningar med tro; och annat sådant. Men, precis som Gud befallde oss att "tacka i allt", måste vi söka orsaker till att vara tacksamma för och sedan vara tacksamma. Bara då kommer Gud ta emot vårt hjärtas väldoft och se till att vi får många orsaker att vara tacksamma för i våra liv.

3. Offra matoffret

1) Ett matoffer med fint mjöl med olja och lägga rökelse på det

Genom att hälla olja på fint mjöl blir mjölet en smet och ett utsökt bröd görs, medan det att man sätter olja på brödet gör att hela offrets kvalitet och utseende förhöjs. När detta förs fram till prästen tar han en handfull av det fina mjölet och av oljan med all dess rökelse, och offrar det som ett eldsoffer på altaret. Det är då det sprids en ljuvlig doft.

Vad betyder det att man häller olja på mjölet?

"Olja" här handlar om det feta från djur eller vegetabilisk olja man har fått från växter. När man blandar "olja" med fint mjöl betyder det att vi måste ge varje uns och livs styrka – hela våra liv – när vi ger offer till Gud. När vi tillber Gud eller ger offer till Honom, ger Gud oss den Helige Andes inspiration och fullhet och låter oss få leva i direkt och nära gemenskap med Honom. Att utgjuta olja har den betydelsen att när vi ger något till Gud, måste vi ge det till Honom av hela vårt hjärta.

Vad betyder det att man lägger rökelse till offret?

Vi läser i Romarbrevet 5:7, "Knappast vill någon dö ens för en rättfärdig – jo, kanske vågar någon dö för den som är god." Men i enlighet med Guds vilja dog Jesus för oss, vi som inte ens var goda utan snarare syndfulla. Vilken ljuvlig doft var då Jesu kärlek för Gud? Det var så Jesus besegrade dödens makt, uppstod, satte sig på Guds högra sida, blev kungars Kung och i sanning blev en ovärderlig och ljuvlig doft inför Gud.

Efesierbrevet 5:2 uppmanar oss att, "och lev i kärlek, så som Kristus har älskat oss och utgett sig själv för oss som en offergåva, ett väldoftande offer åt Gud." När Jesus offrades åt Gud som ett offer var Han som ett offer med rökelse på offret. Eftersom vi har tagit emot Guds kärlek, måste vi också offra oss själva som ett väldoftande, ljuvligt offer, precis som Jesus gjorde.

Att "lägga rökelse på fint mjöl" betyder att vi måste leva efter Guds Ord med allt vårt hjärta och upphöja Honom genom att sprida Kristi väldoft, precis som Jesus upphöjde Gud med en ljuvlig doft genom sin natur och sina gärningar. Bara när vi offrar tackoffer till Gud samtidigt som vi sprider Kristi väldoft kommer våra offer bli matoffer värda Guds acceptans.

2) Inget syrat och ingen honung

I 3 Mosebok 2:11 står det, "Inget matoffer som ni bär fram åt HERREN skall vara syrat, ty varken av surdeg eller honung skall ni bränna någon som eldsoffer åt HERREN." Gud befallde att inget syrat skulle tillsättas brödet som skulle offras till Gud eftersom det syrade jäser degen som gjorts av mjöl, och därför kommer också den andliga "surdegen" att pervertera och förstöra offret.

Den oföränderlige och fullkomlige Guden vill att våra offer ska vara oförvanskade och offrade till Honom som fint mjöl –

Matoffret · 75

från djupet av våra hjärtan. Därför måste vi ge våra offer med ett oföränderligt, rent och fläckfritt hjärta, och i tacksamhet, och i kärlek, och i tro till Gud.

När det är dags att ge offer tänker en del att de har blivit lurade eller övertalade av andra och att de bara ger för att man ska. Andra ger med ett hjärta fyllt av sorg och bekymmer. Men, precis som Jesus varnade för fariséernas surdeg som är hyckleri, kommer våra hjärtan vara som ett matoffer nedfläckat av surdeg och inte ha någonting med Gud att göra alls om vi ger med föreställningen att vi är heliga åtminstone på utsidan och för att vi söker andras erkännande.

Därför måste vi ge utan någon surdeg och från djupet av våra hjärtan i kärlek och tacksamhet till Gud. Vi borde inte ge för att vi vill ha eller för att vi har oro eller bekymmer, utan av tro. Vi måste ge i överflöd med en fast tro till Gud som kommer ta emot våra offer och välsigna oss andligt och fysiskt. Det var för att lära oss den andliga betydelsen av surdegen som Gud befallde att inget offer skulle ges med surdeg.

Det finns dock gånger som Gud låter oss ge Honom offer med surdeg. Dessa offer ges inte som eldsoffer men prästen viftar det fram och tillbaka vid altaret för att uttrycka att man ger ett offer till Gud, och sedan tar med det tillbaka till folket så de kan dela på det och äta. Detta kallas "viftoffer" och är, till skillnad från matoffret, tillåtet att ges med surdeg eftersom man inte gör på samma sätt.

Det kan till exempel vara så att människor med tro går på gudstjänsterna, inte bara på söndagarna utan på alla andra möten också. När då människor med svag tro kommer på söndagsgudstjänsterna men inte fredagens bönenatt eller onsdagens kvällsmöte, ser inte Gud till deras syndfulla beteende. När det gäller utförande följer söndagsgudstjänsterna en strikt ordning medan gudstjänster med cellgruppen i församlingsmedlemmarnas hem har en grundläggande struktur med budskap, bön och lovsång, kan utförandet variera beroende på omständigheterna. Medan vi ändå håller fast vid de grundläggande och nödvändiga reglerna ger Gud ändå utrymme för en del flexibilitet beroende på personers mått av tro, och det är den andliga betydelsen av att ge offer med surdeg.

Varför förbjöd Gud att man lade till honung? Precis som surdeg kan även honung förstöra det fina mjölets sammansättning. Honung här är en söt sirap som producerades från dadeljuice i Palestina, och det kan lätt få degen att jäsa och ruttna. Det är därför som Gud förbjöd att mjölet skulle förstöras av att man lade till honung. Han säger också till oss att när Guds barn tillber eller ger Honom offer, måste vi göra det från ett fullkomligt hjärta som inte bedrar eller förändras.

Folk kanske tänker att honung skulle ha gjort att offret såg bättre ut. Men oavsett hur fint något ser ut för människan, är Gud dock bara nöjd med att ta emot sådant som Han har befallt och sådant som människan med ed har lovat att ge Honom. En del är snabba på att lova Gud något specifikt, men när omständigheterna förändras, ändrar de sig och ger något annat istället. Men Gud avskyr när man ändrar sig när det gäller sådant som Gud har befallt, eller att man ändrar sig när det gäller något

Matoffret · 77

man har lovat för att man ser till sitt eget bästa när den Helige Andes gärningar är involverade. Om en person därför hade lovat att offra ett djur skulle han presentera det inför Gud som det står i 3 Mosebok 27:9-10, "Om det gäller boskap av de slag man får bära fram som offer åt HERREN, skall allt sådant vara heligt, sedan man givit det åt HERREN. Man får inte utväxla eller byta ut det, varken ett bättre mot ett sämre eller ett sämre mot ett bättre. Om någon ändå byter ut ett djur mot ett annat, skall både det förra och det som har blivit lämnat i utbyte vara heligt".

Gud vill att vi ska ge till Honom med ett rent hjärta, inte bara när vi offrar, utan i allt. Om det finns tvivel eller bedrägeri i någons hjärta, kommer personens uppförande visa det genom hans karaktär och det kommer inte vara acceptabelt inför Gud.

Kung Saul till exempel ignorerade Guds befallning och ändrade dem som han ville. Det ledde till att han var olydig mot Gud. Gud hade befallt Saul att han skulle förgöra amalekiternas kung, hela folket och alla djur. Men när han med Guds kraft hade segrat i kriget följde Saul inte Guds befallning. Han skonade och förde amalekiternas kung Agag och det bästa av djuren tillbaka. Till och med efter att ha blivit tillrättavisad omvände han sig inte utan fortsatte att vara olydig och blev till slut övergiven av Gud.

4 Mosebok 23:19 säger oss, "Gud är inte en människa, så att han skulle ljuga, inte en människoson, så att han skulle ångra sig." För att vi ska kunna vara till glädje för Gud måste våra hjärtan först och främst förvandlas till rena hjärtan. Oavsett hur gott något kan se ut på utsidan och vad någon än tänker, får man

aldrig göra vad Gud förbjudit och aldrig ändras sig trots att det gått en tid. När människan är lydig Guds vilja med ett rent hjärta utan att förändras, är Gud glad. Han tar emot hans offer och välsignar honom.

I 3 Mosebok 2:12 står det, "Som förstlingsoffer skall ni bära fram sådant åt HERREN, men på altaret får det inte komma för att vara en ljuvlig doft." Ett offer måste vara en ljuvlig väldoft som Gud tar emot med glädje. Här säger Gud till oss att matoffret inte får placeras på altaret bara för att man vill att det ska bli ett eldsoffer och sprida en väldoft. Syftet med matoffret är inte handlingen i sig, utan i att vi offrar till Gud vårt hjärtas väldoft.

Oavsett hur mycket goda ting som offras, om det inte offras med ett sådant hjärta som Gud har behag till, kan det hända att det för människan blir en ljuvlig doft, men inte för Gud. Det är ungefär som när barn ger en gåva till sina föräldrar utifrån ett tacksamt hjärta och i kärlek för att de ha fått nåden att bli födda och fått växa upp i kärlek, inte för att de måste göra det, utan för att de vill – då blir det en källa till sann glädje för föräldrarna.

På samma sätt vill Gud att vi inte bara ska ge av gammal vana och så försäkra oss själva, "Jag har gjort vad jag skulle göra", utan istället sprida den väldoft som våra hjärtan är fyllda av, tro, hopp och kärlek.

3) Beströ med salt

Vi läser i 3 Mosebok 2:13, "Alla dina matoffer skall du beströ med salt. Du skall inte låta saltet i din Guds förbund fattas på ditt matoffer. Till alla dina offer skall du offra salt." Salt smälter ner i maten och förhindrar att maten ruttnar samtidigt som den kryddar och ger maten en god smak. "Beströ med salt" betyder andligt talat att man "skapar frid". Precis som salt måste smälta för att maten ska bli kryddad, kräver det att man dör bort ifrån sig själv genom att vara som salt för att kunna skapa frid. Därför betyder Guds befallning att matoffret ska beströs med salt att vi måste ge våra offer till Gud genom att offra oss själva för att skapa frid.

Först måste vi därför ta emot Jesus Kristus och få frid med Gud genom att kämpa ända till blods för att göra oss av med synd, ondska, lusta och det gamla jaget.

Tänk dig att någon med vilje begår synder som Gud finner avskyvärda, och sedan ger offer till Gud utan att omvända sig från sina synder. Gud kan inte med glädje ta emot offret eftersom friden mellan personen och Gud redan är bruten. Det är därför psalmisten skrev, "Hade jag haft ondska i mitt hjärta, hade Herren inte hört mig" (Psaltaren 66:18). Gud kommer gladeligen acceptera inte bara våra böner utan också våra offer när vi har tagit avstånd från synden, fått frid med Honom, och ger Honom offren.

Att få frid med Gud kräver att varje person ger ett offer där man dör bort från sig själv. Jesus säger till oss i Matteus 5:23-24, "Därför, om du bär fram din gåva till altaret och där kommer ihåg att din broder har något emot dig, så lämna din gåva framför altaret och gå först och försona dig med din broder. Kom sedan och bär fram din gåva." Gud kommer inte ta emot vårt offer med glädje om vi begår synder, handlar i ondska och plågar våra bröder och systrar i Kristus.

Även om en broder har gjort något ont mot oss, får vi inte hata eller klaga mot honom utan vi måste förlåta honom och försona oss med honom. Oavsett vad orsaken var får vi inte bli osams eller få en dispyt mellan oss, eller såra och få våra bröder och systrar i Kristus att snava. Bara när vi har försonat oss med alla människor och våra hjärtan är fyllda med den Helige Ande, glädje och tacksamhet, kommer våra offer vara "beströdda med salt".

I Guds befallning "beströ med salt" finns också kärnan i förbundet, som vi finner i "Guds saltförbund med er". Salt utvinns från havsvattnet och vattnet står för Guds Ord. Precis som salt alltid ger en saltsmak kommer Guds Ord i förbundet aldrig att förändras.

När vi "beströr offret med salt" betyder det att vi måste lita på det oföränderliga förbundet som den trofaste Guden har gett oss och ge med ett helt hjärta. När vi ger tackoffer måste vi tro att Gud med all säkerhet kommer kompensera oss med ett mått som är pressat, skakat och som flödar över, och välsigna oss 30, 60 och 100 gånger mer än vad vi gav.

Somliga säger, "Jag ger inte för att jag vill ha välsignelser tillbaka, jag ber bara för att." Men Gud har större behag till den tro som en person som ödmjukt söker Hans välsignelser har. Hebreerbrevet 11 säger oss att när Mose lämnade sin plats som Egyptens prins hade han "blicken riktad mot lönen" som Gud skulle ge honom. Vår Jesus såg också fram emot belöningen, och brydde sig inte om att Han förödmjukades på korset. Genom att se på den stora frukten – den härlighet som Gud skulle ge Honom och mänsklighetens frälsning – kunde Jesus enkelt uthärda det fruktansvärda straffet på korset.

Det är givetvis fullständigt väsensskilt att "rikta blicken mot lönen" mot att i sitt hjärta vara uträknande och förvänta att man ska ta emot något tillbaka eftersom man redan har givit något. Även om det inte kommer någon lön, ska en person i sin kärlek till Gud vara beredd på att ge upp till och med sitt eget liv. Men att föreställa sig vår Fader Guds hjärta, som älskar att välsigna oss, och att tro på Guds kraft kommer göra att den människan som söker välsignelser kommer behaga Gud desto mer. Gud har lovat att människan ska få skörda vad hon har sått, och att Han kommer att ge till de som söker. Gud har behag till att vi ger offer utifrån vår tro till Hans Ord, likväl som vår tro genom vilken vi ber om Hans välsignelser i enlighet med Hans löften.

4) Det som blir över av matoffret tillhör Aron och hans söner

Medan brännoffret i sin helhet offrades som eldsoffer på altaret, skulle matoffret föras fram till prästen som skulle ta en handfull av det och offra det till Gud som ett eldsoffer på altaret. Det betyder att medan vi ger Gud en blandning av gudstjänster helt och hållet till Gud är tacksägelseoffret – matoffer – ett offer som ges till Gud så att det kan användas för Guds rike och rättfärdighet och det delas ut till prästerna, som i dag motsvarar Herrens tjänare och arbetare i församlingen. Som Galaterbrevet 6:6 säger oss, "Men den som får undervisning i ordet ska dela med sig av allt gott till den som undervisar honom." när medlemmar i församlingen som har tagit emot nåd från Gud ger tackoffer, delar Guds tjänare som har undervisat i Ordet på tacksägelseoffren.

Matoffren ges till Gud tillsammans med brännoffren, och tjänar som en förebild på ett liv i tjänst på samma sätt som Kristus levde. Därför måste vi ge våra offer med tro, med hela vårt hjärta och vårt yttersta. Jag hoppas att alla som läser detta kommer att tillbe på ett sätt som är korrekt efter Guds vilja och ta emot överflödande välsignelser varje dag genom att ge väldoftande offer till Gud som Han har behag till.

Kapitel 5

Gemenskapsoffret

"Om någon vill bära fram ett gemenskapsoffer och han då vill ta sitt offer av nötboskapen, skall han föra fram ett felfritt djur inför HERRENS ansikte, antingen av hankön eller honkön"

3 Mosebok 3:1

1. Gemenskapsoffrets betydelse

I 3 Mosebok står det hur man ska ge gemenskapsoffret. Ett gemenskapsoffer innebär att man slaktar ett felfritt djur, stänker blodet runt omkring altaret, och offrar dess fett som ett eldsoffer till Gud som en ljuvlig doft. Medan gemenskapsoffret till stor del liknar brännoffrets, finns det ändå en hel del skillnader. En del missförstår syftet med gemenskapsoffret och tror att det handlar om att ta emot förlåtelse för synder; men det är skuldoffer och syndoffer som är det huvudsakliga offret för att få förlåtelse för synder. Ett gemenskapsoffer är ett offer som syftar till att få frid mellan oss och Gud, och med det uttrycker folket sin tacksamhet, ger edslöften inför Gud, och ger detta offer frivilligt. Den som offrar detta offer har redan blivit förlåten sina synder genom syndoffret och brännoffret och har nu direkt och nära gemenskap med Gud, och gemenskapsoffrets syfte är att försonas med Gud så att man kan lita på Gud av hela sitt hjärta på alla livets områden.

Medan matoffret som det står om i 3 Mosebok 2 anses vara ett tackoffer, ett konventionellt tackoffer i tacksamhet till Gud som har frälst, beskyddar oss och ger oss vårt dagliga bröd, skiljer gemenskapsoffret och tacksamheten i offret sig åt. Förutom de tackoffer vi ger på söndagar, ger vi andra offer av tacksamhet när det finns speciella orsaker att göra det. I gemenskapsoffret finns en frivillighet av att ge till Gud för att behaga Honom, att helga och dra sig undan för att leva efter Guds Ord, och att ta emot från Honom det man längtar efter i sitt hjärta.

Medan gemenskapsoffret innehåller mängder av betydelser, är det mest grundläggande syftet att ha frid med Gud. När vi har frid med Gud ger Han oss styrka genom vilken vi kan leva i sanningen, få svar på det vi längtar efter i våra hjärtan, och Han ger oss nåd genom vilken vi kan uppfylla det vi har lovat Honom. Som 1 Johannes brev 3:21–22 säger oss, "Mina älskade, om hjärtat inte fördömer oss har vi frimodighet inför Gud, och vad vi än ber om, det får vi av honom eftersom vi håller hans bud och gör det som gläder honom." när vi får frimodighet inför Gud genom att ha levt i sanningen, kommer vi ha frid med Honom och får uppleva Hans gärningar i allt vi ber Honom om. Om vi behagar Honom ännu mer med speciella offer, kan du då tänka dig hur mycket snabbare Gud kommer svara och välsigna oss?

Därför är det en absolut nödvändighet att vi på ett korrekt sätt förstår betydelsen av matoffret och gemenskapsoffret och kan skilja mellan offer som man ger som matoffer och offer som man ger som gemenskapsoffer, så att Gud med glädje kan ta emot våra offer.

2. Offer till gemenskapsoffret

Gud säger till oss i 3 Mosebok 3:1, "Om någon vill bära fram ett gemenskapsoffer och han då vill ta sitt offer av nötboskapen, skall han föra fram ett felfritt djur inför HERRENS ansikte, antingen av hankön eller honkön". Oavsett om offret till gemenskapsoffret är ett får eller en get och oavsett om det är av hankön eller honkön, måste det vara ett felfritt djur (3 Mosebok 3:6, 12).

Ett offer till brännoffret måste vara en felfri ungtjur av hankön eller ett felfritt får. Det beror på att det perfekta offret för brännoffret – för den andliga gudstjänsten – åsyftar Jesus Kristus, Guds felfria Son.

Men när vi ger gemenskapsoffret till Gud för att få frid med Honom, finns det inget behov för att skilja mellan hankön eller honkön, så länge offret är felfritt. Att det inte finns någon skillnad mellan hankön och honkön när det gäller gemenskapsoffer kommer från Romarbrevet 5:1, "När vi nu har förklarats rättfärdiga av tro, har vi frid med Gud genom vår Herre Jesus Kristus." För att uppnå frid med Gud genom det som Jesu blod gjorde på korset, finns det ingen skillnad mellan hankön och honkön.

När Gud befaller att offret ska vara "felfritt" är det för att Han vill att vi offrar till Honom med ett hjärta som ett underbart barn och inte med en bruten ande. Vi får inte ge varken med knot eller för att söka efter andras erkännande, utan frivilligt och med tro. Det passar sig bara att ge ett felfritt offer när vi ger ett tackoffer för Guds nåd i frälsningen. Ett offer som ges till Gud så att vi kan lita på Honom i alla delar av våra liv, så att Han kan vara med oss och beskydda oss hela tiden, och så att vi kan få leva efter Hans vilja, måste vara det bästa vi kan ge och måste ges utifrån vår yttersta omsorg och med hela vårt hjärta.

När vi jämför offren till brännoffret och gemenskapsoffret finns det något intressant att lägga märke till: duvor finns inte med i det senare. Varför är det så? Oavsett hur fattig en person kan vara måste brännoffret offras av alla människor och det är därför som Gud tillåter att även duvor som har ett väldigt litet värde kan offras.

Om till exempel en nybörjare i livet i Kristus med svag, liten tro bara kommer på söndagsgudstjänsterna, ser Gud det som att han har gett ett brännoffer. Egentligen är ett helt brännoffer till Gud när troende lever helt och hållet efter Guds Ord och bevarar den direkta och nära kontakten med Gud och tillber i ande och sanning, men i nybörjarens fall som i sin tro bara håller Herrens dag helig, kommer Gud att se det som en duva som offras som brännoffer och leda honom på vägen till frälsning.

Ett gemenskapsoffer är å andra sidan inte ett offer som är obligatoriskt utan något man ger frivilligt. Det ges till Gud för att man ska få ta emot svar och välsignelser genom att behaga Gud. Om en duva av litet värde hade varit ok att ges skulle det redan där ha förlorat sin mening och sitt syfte som ett särskilt offer, och det är därför som duvor är undantagna i gemenskapsoffret.

Om en person vill ge ett offer för att uppfylla en ed eller ett löfte man har gett, en djup längtan, eller för att ta emot Guds helande i en obotlig eller dödlig sjukdom, med vilket slags hjärta ska ett sådant offer ges? Det ska förberedas ännu mer helhjärtat än tackoffer som är något som ges på regelbunden basis. Gud kommer bli så glad över att vi offrar en ungtjur eller, beroende på våra omständigheter, om vi offrar Honom nötboskap av honkön, eller ett får eller en get, medan värdet på en duva är alldeles för obetydligt.

Det är givetvis inte det samma som att säga att "värdet" på

ett offer beror helt och hållet på pengavärdet. När var och en förbereder sitt offer utifrån hela ens hjärta och sinne och med sin yttersta omsorg utifrån ens egna omständigheter, kommer Gud höja värdet på offret baserat på den andliga väldoft som finns i det.

3. Offra gemenskapsoffret

1) Lägga sin hand på gemenskapsoffrets huvud och slakta det vid ingången till uppenbarelsetältet

Om den som kommer med offret lägger sin hand på offrets huvud vid ingången till uppenbarelsetältet, överför han sina synder på djuret. När en den som offrar gemenskapsoffret lägger sin hand på offret avskiljer han offret som ett offer som ska ges till Gud och på så sätt smörjer det.

För att våra offer som vi lägger våra händer på ska vara till behag för Gud, får vi inte avgöra summan utifrån köttsliga tankar utan efter den Helige Andes inspiration. Det är bara sådana offer som gladeligen kommer tas emot av Gud, avskiljas och smörjas.

Efter att man har lagt sin hand på offrets huvud ska den som ger offret själv slakta det vid ingången till uppenbarelsetältet. På Gamla testamentets tid kunde bara präster gå in i helgedomen och folket fick slakta djuren vid ingången till uppenbarelsetältet. Men eftersom syndens mur som stod i vägen för oss till Gud har blivit förgjord av Jesus Kristus, kan vi idag gå in i helgedomen, tillbe Gud och ha direkt och nära gemenskap med Honom.

2) Arons söner, prästerna, stänkte blodet runt omkring altaret

3 Mosebok 17:11 säger oss, "Ty kroppens liv är i blodet, och jag har givit er det till altaret, till att bringa försoning för era själar. Det är blodet som bringar försoning genom själen som är i det." Hebreerbrevet 9:22 säger oss också, "Så renas enligt lagen nästan allting med blod, och utan att blod utgjuts ges ingen förlåtelse" och påminner oss om att det enbart är genom blodet som vi kan bli renade. När man ger gemenskapsoffer till Gud på grund av den direkta och nära andliga gemenskapen med Honom, är stänkandet av blod nödvändigt för att vi, vars relation med Gud hade blivit avhuggen, aldrig kan få frid med Honom utom genom Jesu Kristi blods gärningar.

Att prästerna stänker blodet runt altaret betyder att oavsett var våra fötter leder oss och alla omständigheter vi finner oss själva i, har vi alltid frid med Gud. För att symbolisera att Gud alltid är med oss, vandrar med oss, beskyddar oss och välsignar oss var vi än går, i allt vi än gör, och med vem vi än är, stänktes blodet runt omkring altaret.

3) Från offret till gemenskapsoffret ges ett eldsoffer till HERREN

3 Mosebok 3 förklarar de sätt man offrar inte bara tjurar utan även får och getter som gemenskapsoffer. Eftersom metoderna i det närmaste är likadana kommer vi fokusera på tjurar som gemenskapsoffer. För att jämföra gemenskapsoffret med brännoffret måste vi känna till alla delar av offret som ges till Gud. Brännoffret är den andliga gudstjänsten och eftersom

Gemenskapsoffret · 91

tillbedjan ges helt och hållet och enbart till Gud, blev offren fullständigt brända.

Men för att ge gemenskapsoffer ska inte alla delar av offret ges. Som vi läser i 3 Mosebok 3:3b-4, "det fett som omsluter inälvorna och allt det fett som sitter på dem, de båda njurarna med det fett som sitter på dem vid höftmusklerna och leverfettet som han skall ta loss tillsammans med njurarna" är det fettet som sitter på djurets viktiga inälvor som offras till Gud som en ljuvlig väldoft. Att ge fettet från de olika delarna på djuret betyder att vi måste ha frid med Gud var vi än är och vilka omständigheter vi än befinner oss i.

Att ha frid med Gud kräver också att vi har frid med alla människor och söker helgelsen. Bara när vi har frid med alla människor kan vi bli fullkomliga som Guds barn (Matteus 5:46–48).

Efter att fettet från offret som ska ges till Gud har tagits bort, är det prästernas del som är kvar. Vi läser i 3 Mosebok 7:34, "Ty av israeliternas gemenskapsoffer tar jag viftoffersbringan och offergärdslåret och ger dem åt prästen Aron och åt hans söner som en evig rätt från Israels barn." Precis som delar av matoffret reserverades för prästerna, reserveras också delar av gemenskapsoffret som folket ger till Gud för prästerna och leviterna, för att de ska kunna leva, eftersom båda grupperna tjänar Gud och Hans folk.

Det är på samma sätt i nytestamentlig tid. Genom de offer som ges till Gud av troende utförs Guds verk för att människor ska bli frälsta och för att Herrens tjänare och församlingsmedlemmarna ska kunna leva. Efter att ha tagit undan delar för Gud och prästerna, ska det som är kvar ätas upp av personen som gav offret; detta är något unikt för gemenskapsoffret. Att personen som ger offret får äta upp det betyder att Gud vill visa att offret har varit värdigt Hans glädje genom att Han ger sådana bevis som svar och välsignelser.

4. Stadgan om fett och blod

När ett djur dödades som ett offer till Gud, stänkte prästerna dess blod runt omkring altaret. Eftersom njurarna och allt fettet tillhörde HERREN, sågs det dessutom som heligt och offrades som eldsoffer på altaret som en ljuvlig doft som behagade Gud. Folket på Gamla testamentets tid åt inget fett eller blod eftersom fettet och blodet har med livet att göra. Blodet representerar livet i kroppen och fettet, som är det som omsluter kroppen, också är detsamma som liv. Fettet gör att saker och ting i vardagslivet går smidigare.

Vilken andlig betydelser har "fettet"?

"Fettet" betyder först och främst den omsorg det fullkomliga hjärtat har. Att ge fettet som ett eldsoffer betyder att vi ger allt vi har och allt vi är till Gud. Det handlar om att vi har omsorg om offret och ett helt hjärta när vi offrar sådant som är värdigt Guds acceptans. När man ger ett tackoffer på altaret för att få frid genom att behaga Honom eller att man ger sig själv i överlåtelse till Gud har innehållet stor betydelse, men ännu viktigare är det vilket slags hjärta man har och hur mycket omsorg man har om det man ger som offer. Om någon som har gjort något som är fel i Guds ögon ger ett offer för att få frid med Honom, måste det offret ges med ännu större överlåtelse och ett mer fullkomligt hjärta.

För att få förlåtelse för synd måste man ge ett syndoffer eller ett skuldoffer. Men det finns tillfällen då man hoppas på att få komma högre och nå längre än att bara ta emot enkel förlåtelse för synder, att istället få sann frid med Gud genom att behaga Honom. Det kan till exempel vara när ett barn har gjort något fel mot sin pappa och djupt sårat honom, så kommer pappans hjärta kunna smältas och sann frid kan uppnås mellan de två om hon gör sitt allra bästa för att behaga sin far, istället för att bara säga att hon är ledsen och ta emot förlåtelse för sina fel.

"Fettet" handlar dessutom om bön och om den Helige Andes fullhet. I Matteus 25 står det om fem förståndiga jungfrur som tog olja i flaskorna tillsammans med sina lampor, och fem oförståndiga jungfrur som inte tog någon olja med sig och som därför inte kunde komma in på bröllopsfesten. Här handlar "olja" andligt om bön och den Helige Andes fullhet. Bara när vi tar emot den Helige Andes fullhet genom bön och är vakna kan vi undkomma att bli fläckade av världsliga lustar och vänta på vår Herre, brudgummen, efter att ha förberett oss som Hans vackra brudar.

Bön måste efterföljas av ett gemenskapsoffer till Gud för att behaga Gud och ta emot Hans svar. Den bönen ska inte vara en formalitet; den måste offras av hela vårt hjärta och med allt vi har och allt vi är, precis som Jesu svett blev som blodsdroppar som föll till marken när Han bad i Getsemane. Någon som ber så kommer säkerligen kunna strida mot och göra sig av med synder, bli helgad och ta emot inspiration och den Helige Andes fullhet från ovan. När en sådan person ger ett gemenskapsoffer till Gud, kommer Han ha behag till honom och ge honom svar snabbt.

Ett gemenskapsoffer är ett offer som ges till Gud i fullständig förtröstan, så att vi kan leva värdefulla liv i Hans sällskap och under Hans beskydd. För att få frid med Gud måste vi vända om från de vägar vi går på som inte Han tycker om; vi måste ge offer till Honom av hela vårt hjärta och med glädje, och ta emot fullheten av den Helige Ande genom bön. Jag hoppas att alla läsare alltid ska ta emot Guds svar och välsignelser genom att be i den Helige Andes inspiration och fullhet, av hela sitt hjärta och ge gemenskapsoffer som Han har behag till.

Kapitel 6

Syndoffret

"Om någon syndar av misstag mot något av HERRENS bud och gör något som inte får göras, skall den smorde prästen, om det är han som har syndat och därmed dragit skuld över folket, offra en felfri ungtjur åt HERREN till syndoffer för den synd han har begått."

3 Mosebok 4:2-3

1. Olika typer av syndoffer och dess betydelser

Genom vår tro på Jesus Kristus och verket genom Hans blod har vi blivit förlåtna alla våra synder och kommit in i frälsningen. Men för att vår tro ska anses vara sann får vi inte bara bekänna med våra läppar, "Jag tror", utan demonstrera det med handlingar och trofasthet. När vi visar sådana bevis på tro genom gärningar inför Gud som Gud kommer erkänna, kommer Han se den tron och förlåta oss våra synder.

Hur kan vi ta emot förlåtelse för synder genom tro? Det är förstås så att varje Guds barn alltid måste vandra i ljuset och aldrig synda. Men om det finns en mur av synd mellan Gud och en troende som har begått synder medan han ännu inte var fullkomlig, behöver han veta hur han ska lösa det och handla därefter. Lösningarna finns i Guds Ord som beskriver syndoffret.

Syndoffret är, som vi läste, ett offer som ges till Gud som försoning för synderna vi har begått i våra liv, och metoden varierar beroende på våra gudagivna uppgifter och vårt individuella mått av tro. 3 Mosebok 4 tar upp syndoffer som ska offras av en smord präst, hela församlingen, en ledare och vanliga människor.

2. En smord prästs syndoffer

Gud säger till Mose i 3 Mosebok 4:2-3, "Säg till Israels barn: Om någon syndar av misstag mot något av HERRENS bud och gör något som inte får göras, skall den smorde prästen, om det är han som har syndat och därmed dragit skuld över folket, offra en felfri ungtjur åt HERREN till syndoffer för den synd han har begått."

Här handlar "Israels barn" andligt om alla Guds barn. De gånger "någon syndar av misstag mot något av HERRENS bud och gör något som inte får göras" är när Guds lag, som finns i Hans Ord som består av Bibelns 66 böcker där Han har befallt att något inte ska göras, har överträtts.

När en präst, med dagens termer - en Herrens tjänare som undervisar och predikar Guds Ord – överträder Guds lag, drabbar syndens konsekvens även folket. Eftersom han inte har lärt ut sanningen till sin flock eller levt efter den själv, är hans synd allvarlig; även om han har begått synderna omedvetet, är det ändå oerhört generande att en Herrens tjänare inte har förstått Guds vilja.

Om en Herrens tjänare till exempel på ett inkorrekt sätt undervisar i sanningen kommer hans flock att tro hans ord; gå emot Guds vilja; och församlingen som helhet bygger en mur av synd inför Gud. Han har sagt till oss, "Var helig", "Håll dig bort från alla former av ondska" och "Be utan uppehåll". Men vad skulle hända om en Herrens tjänare sade, "Jesus har återlöst oss från alla våra synder. Därför blir vi frälsta så länge vi går till kyrkan"? Som Jesus berättade för oss i Matteus 15:14, "Om en blind leder en blind, så faller båda i gropen" är syndens lön på grund av Herrens tjänare stor eftersom både tjänaren och flocken växer bort ifrån Gud. Om en präst syndar så "och på så sätt drar skuld över folket", måste han offra ett syndoffer till Gud.

1) En felfri ungtur ska offras som syndoffer

När en smord präst syndar, innebär det att han "drar skuld över folket" och han måste förstå att konsekvensen av hans synder är stor. I 1 Samuelsboken 2-4 kan vi se vad som hände när

Syndoffret · 99

prästen Elis söner begick synder genom att ta av offren som hade getts till Gud åt sig själva istället. När Israel förlorade ett krig mot filistéerna, dödades Elis söner och 30 000 av Israels soldater förlorade sina liv. I och med att till och med Guds förbundsark blev tillfångatagen blev Israel som helhet utsatt för lidande.

Det är därför som försoningsoffret måste vara det allra värdefullaste av dem alla: en felfri ungtjur. Bland alla offer är Gud allra gladast över ungtjurar och får av hankön, och värdet på ungtjuren är mer än fårets. För syndoffret måste prästen inte bara offra vilken ungtjur som helst utan en ungtjur som var felfri; detta betyder andligt talat att offret inte kan ges motvilligt eller utan glädje; varje offer måste vara ett fullständigt levande offer.

2) Offra syndoffret

Prästen för fram tjuren som ska offras som ett syndoffer till ingången vid uppenbarelsetältet inför HERREN; lägger sin hand på djurets huvud; slaktar det; tar en del av blodet från tjuren och bär det in i uppenbarelsetältet; doppar sitt finger i blodet och stänker lite av det sju gånger inför HERREN, framför förlåten till helgedomen (3 Mosebok 4:4-6). Att lägga sin hand på tjurens huvud betyder att man överför människans synd på djuret. Istället för att den som hade begått synderna egentligen skulle ha dödats, tar han emot förlåtelse för sina synder när han lägger handen på offrets huvud, genom att överföra sina synder till djuret. Därefter slaktar han djuret.

Sedan ska prästen ta lite av blodet, doppa fingret i det och stänka det inne i helgedomen inne i uppenbarelsetältet framför det allra heligaste. Offer ges generellt inte inne i helgedomen utan på altaret i den framför förlåten till helgedomen, just framför det allra heligaste där Gud bor. Att doppa sitt finger i blodet symboliserar handlingen av att tigga om förlåtelse. Det symboliserar att man inte bara omvänder sig med sina läppar eller med en ed, utan också bär omvändelsens frukt genom att verkligen göra sig av med synden och ondskan. Att doppa sitt finger i blodet och stänka det "sju gånger" – "sju" är fullkomlighetens tal i den andliga världen – betyder det att man fullständigt gör sig av med sina synder. Man kan bara ta emot fullkomlig förlåtelse när man har gjort sig av med sina synder och inte syndar igen.

Prästen stryker också med blodet på den väldoftande rökelsens altares horn inför HERREN i uppenbarelsetältet, och häller ut det övriga blodet vid foten av brännoffersaltaret som står vid ingången till uppenbarelsetältet (3 Mosebok 4:7). Den väldoftande rökelsens altare – rökelsealtaret – är ett altare som används för att bränna rökelse; när rökelsen brann, accepterade Gud den rökelsen. Horn i Bibeln representerar dessutom en kung och hans värdighet och makt; det representerar Kungen, vår Gud (Uppenbarelseboken 5:6). Genom att stryka blodet på den väldoftande rökelsens altares horn är det ett bevis på att offret har accepterats av Gud vår Kung.

Hur kan vi idag omvända oss på ett sätt som Gud accepterar? Det nämndes tidigare att synd och ondska kastades bort genom att man doppade sitt finger i syndoffrets blod och stänkte det. Efter att ha reflekterat över våra synder och omvänt oss från dem, måste vi komma till helgedomen och bekänna synden i bön. Precis som blodet från offret ströks på hornen för att få Gud att acceptera det, måste vi komma inför vår Gud Kungens makt och offra bön av omvändelse till Honom. Vi måste komma till helgedomen, böja knä och be i namnet Jesus Kristus mitt i den Helige Andes gärningar som låter anden av omvändelse komma över oss.

Med det sagt betyder det inte att vi måste vänta till vi kommer till helgedomen för att omvända oss. I den stund vi förstår att vi har gjort fel mot Gud, måste vi omedelbart omvända oss och vända oss bort från våra vägar. Här handlar det också om att komma till helgedomen på sabbaten, Herrens dag.

Medan bara smorda präster kunde kommunicera med Gud under Gamla testamentets tid, kan vi idag, i det att den Helige Ande nu tagit sin boning i vars och ens hjärtan, be till och ha direkt och nära gemenskap med Gud mitt i den Helige Andes gärningar. Bön av omvändelse kan också offras när man är ensam mitt i den Helige Andes gärningar. Kom dock ihåg att all bön som offras blir komplett genom att man helgar Herrens dag.

Den som inte helgar Herrens dag har inget bevis på att han är Guds barn andligt sett och han kan inte heller ta emot förlåtelse ens om han offrar böner av omvändelse på egen hand. Omvändelse accepteras utan tvivel av Gud enbart när man offrar bön av omvändelse på egen hand när man upptäckt att man har syndat, men också när man formellt ber omvändelsens bön igen i Guds helgedom på Herrens dag.

Efter att blodet har strukits på den väldoftande rökelsens altare, ska allt övrigt blod hällas ut vid foten av brännoffersaltaret. Det är en handling av att man offrar allt, blodet som är livet i offret, och andligt talat handlar det om att vi omvänder oss med ett fullständigt överlåtet hjärta. Att ta emot förlåtelse för synder som vi begått mot Gud kräver att vi omvänder oss av hela vårt hjärta, av hela vårt sinne och med vår stora och mest allvarsamma uppriktighet. Den som har gett sann omvändelse till Gud kommer inte våga begå samma synder igen inför Gud.

Sedan tar prästen bort fettet från tjuren som offras som syndoffer och offrar det som ett eldsoffer på brännoffersaltaret, på samma sätt som han gör med gemenskapsoffret, och för bort tjurens hud, allt hans kött, hans huvud, fötter, inälvor och orenhet, utanför lägret till en ren plats där man slår ut askan och där bränner upp allt kvarvarande (3 Mosebok 4:8–12). Att offra som ett "eldsoffer" betyder att man i sanning har förgjort sig själv och bara sanningen har överlevt.

Precis som det feta i gemenskapsoffret tas bort, tas också fettet från syndoffret bort och offras sedan som ett eldsoffer på altaret. Att offra fettet från tjuren i ett eldsoffer på altaret säger oss att bara omvändelse som offras av hela vårt hjärta, sinne och vår fulla vilja blir accepterad inför Gud.

Medan alla delar i brännoffret bränns upp som ett eldsoffer, offras alla delar i syndoffret förutom fettet och njurarna på eld som brinner på ved utanför lägret där askan slås ut. Varför är det så?

Eftersom ett brännoffer är en andlig gudstjänst som syftar till att behaga Gud och för att ta emot gemenskap med Honom, offras det som ett eldsoffer på altaret i templet. Men eftersom ett syndoffer är för att återlösa oss från orena synder, kan det inte offras som eldsoffer på altaret inne i templet och bränns därför helt och hållet på en plats långt bort där det inte bor någon.

Även idag måste vi kämpa för att göra oss av med synderna helt och hållet som vi har omvänt oss från inför Gud. Vi måste sätta eld på arrogans, högmod, det gamla jaget från vår tid i världen, handlingar som den syndfulla kroppen gör som inte är passande inför Gud, och annat, med den Helige Andes eld. Offer som offras som eldsoffer – tjuren – har fått på sig personens synder som lade sin hand på den. Därför, från den stunden och vidare, måste den personen komma fram som ett levande offer som Gud har behag till.

Vad är det då vi behöver göra nu i vår tid? Den andliga skillnaden mellan karaktärsdragen på tjuren som offras och Jesu karaktärsdrag, som dog för att återlösa oss från synder, har förklarats tidigare. Om vi därför har omvänt oss och offrat upp som ett eldsoffer alla delar av offret, måste vi från den stunden och vidare, precis som ett offer som getts till Gud, förvandlas på samma sätt som vår Herre blev ett syndoffer. Genom att flitigt tjäna församlingsmedlemmar å vår Herres vägnar måste vi tillåta att de troende får lägga av sig sina bördor och enbart förse dem med sanningen och goda ting. Genom att överlåta oss till och hjälpa våra församlingsmedlemmar att kultivera sina hjärteåkrar med tårar, uthållighet och bön, måste vi förvandla våra bröder och systrar till sanna, helgade Guds barn. Då kommer Gud se det som en sann omvändelse och leda oss till välsignelsens väg.

Vi läser ju i 1 Petrusbrevet 2:9, "Men ni är ett utvalt släkte, ett kungligt prästerskap, ett heligt folk, ett Guds eget folk för att förkunna hans härliga gärningar" att vi alla inte behöver vara predikanter, men alla vi som tror på Herren måste bli fullkomliga som prästerna och bli Guds sanna barn.

Ett offer som ges till Gud måste dessutom ges tillsammans med omvändelse när man ger försoning för sina synder. Den som djup ångrar sig och omvänder sig från det han har gjort kommer automatiskt att ledas till att ge offer, och när sådan gärningar efterföljs av ett sådant hjärta kan det anses att man söker full omvändelse inför Gud.

3. Syndoffret för hela menigheten

"Om Israels hela menighet försyndar sig utan att församlingen märker det och de bryter mot något av HERRENS bud och gör sådant som inte får göras och därigenom ådrar sig skuld, och sedan den synd de har begått blir känd, då skall församlingen offra en ungtjur till syndoffer. De skall föra fram den inför uppenbarelsetältet" (3 Mosebok 4:13–14).

Med dagens termer handlar "hela menighetens synd" om en hel församlings synd. Det finns till exempel tillfällen då det har skapats grupperingar i en församling bland Herrens tjänare, äldstebröderna, seniordiakonissorna, och det skapar problem för hela församlingen. En av grupperna skapar och startar diskussioner, sedan hamnar hela församlingen i synd och skapar en hög mur av synd inför Gud eftersom de flesta medlemmarna sveps med i dispyterna, talar illa eller tycker illa om varandra.

Gud har ju till och med sagt att vi ska älska våra fiender, tjäna andra, ödmjuka oss själva, ha frid med alla människor och eftersträva helighet. Så generande och förkrossande det är för Gud att Herrens tjänare och deras flock inte är sams med sina bröder och systrar i Kristus utan är emot varandra? Om sådant händer inom en församling, kommer den inte kunna ta emot Guds beskydd; det kommer inte bli någon väckelse och svårigheter kommer att dyka upp i församlingsmedlemmarnas hem och företag.

Men hur kan vi ta emot förlåtelse för hela församlingens

synd? När hela församlingen synd blir känd, ska de föra fram en tjur inför uppenbarelsetältet. Församlingens äldste ska lägga sina händer på offrets huvud, slakta det inför HERREN, och offra det till Gud på samma sätt som prästens syndoffer. Offersättet för prästens syndoffer och församlingens syndoffer är identiskt i värde och dyrbarhet. Det betyder att det i Guds ögon är lika illa om präster begår synder som att hela församlingen gör det.

Men medan offret som en präst offrar som syndoffer ska vara en felfri ungtjur, behöver hela församlingens syndoffer endast vara en ungtjur. Det beror på att det inte är lätt för en hel församling att vara ett i hjärtat och ge offret med glädje och tacksamhet.

När en församling nuförtiden som i sin helhet har syndat och vill omvända sig är det möjligt att det bland medlemmarna finns människor som inte har någon tro eller människor som vägrar att omvända sig och som inte känner sig glada i sina hjärtan. Eftersom det inte är lätt för en hel församling att ge Gud ett offer som är felfritt, har Gud visat sin nåd på detta område. Även om det finns några som inte kan ge offret av hela sitt hjärta, kan större delen av församlingsmedlemmarna omvända sig och vända sig bort från sina gärningar och då kommer Gud ta emot syndoffret och förlåta.

Eftersom inte varje medlem i församlingen har möjlighet att lägga sin hand på offrets huvud, lägger församlingens äldste, å församlingens vägnar, sina händer på det när hela församlingen ger syndoffret till Gud.

Resten av utförandet är identiskt med prästens syndoffer i alla steg från det att prästen doppar sitt finger i offerblodet, stänker det sju gånger framför förlåten till helgedomen, stryker en del av blodet på den väldoftande rökelsens altare, och bränner upp resterna utanför lägret. Den andliga betydelsen av dessa procedurer är att fullständigt vända sig bort från synd. Vi måste också offra upp bön av omvändelse i namnet Jesus Kristus och genom den Helige Andes gärningar i Guds helgedom så att omvändelsen formellt accepteras. Efter att hela församlingen har omvänt sig med ett hjärta på det här sättet, ska synden aldrig mer upprepas.

4. En ledares syndoffer

I 3 Mosebok 4:22–24 läser vi;

"Om en ledare syndar genom att han av misstag bryter mot något av HERRENS, sin Guds, bud och gör sådant som inte får göras och han därigenom ådrar sig skuld, eller om han av någon får veta vilken synd han har begått, skall han som sitt offer föra fram en bock, ett felfritt djur av hankön. Han skall lägga sin hand på bockens huvud och sedan slakta den inför HERRENS ansikte på samma sätt som man slaktar brännoffret. Det är ett syndoffer."

"Ledare" står i lägre rank än präster, i en position av att leda och ändå i en klass skild från vanliga människor av folket. Därför ska ledare offra en bock av hankön till Gud. Den är mindre än en ungtjur som ska offras av präster men större än getter av honkön som vanligt folk ska offra.

I dagens termer är "ledare" i en församling en teamledare, cellgruppsledare eller en söndagsskollärare. Ledare är de som tjänar i positioner där man ger ledning till församlingsmedlemmar. Till skillnad från lekmän eller nybörjare i tron har de avskilts inför Gud och som sådana, även om det är samma synd som har begåtts, måste ledare ge en större frukt av omvändelse till Gud än folket.

Förr i tiden lade ledaren sin hand på den felfria bockens huvud och på så sätt överfördes hans synder till bocken och sedan slaktade han den inför Gud. Ledaren tog emot förlåtelse när prästen doppade sitt finger i blodet, strök det på brännoffersaltarets horn, och hällde ut resten av offrets blod vid foten av brännoffersaltaret. Som i fallet med gemenskapsoffret, offrades offrets fett som ett eldsoffer på altaret.

Till skillnad från prästen, stänker inte ledaren offrets blod sju gånger framför förlåten till helgedomen; när han visar sin omvändelse är det att stryka blodet på brännoffersaltarets horn och Gud accepterar det. Det beror på att prästens och ledarens mått av tro skiljer sig åt. Eftersom en präst aldrig mer skulle synda var han tvungen att stänka blodet från offret sju gånger, det fullkomliga talet i andlig bemärkelse.

Men för en ledare kan det dock hända att han omedvetet syndar igen och därför har han inte fått befallningen att stänka av offerblodet sju gånger. Det är ett tecken på kärlek och barmhärtighet från Gud, som vill ta emot omvändelse från varje person utifrån hans eller hennes nivå av tro och ge förlåtelse. Så här långt har vi pratat om syndoffer och "en präst" har handlat om "en Herrens tjänare" som "en arbetare i ledarskapsposition". Men dessa referenser är inte enbart begränsade till de som har gudagivna uppdrag i en församling, utan handlar också om det mått av tro som varje troende har.

En tjänare ska vara helgad genom tro och får sedan förtroendet att leda en flock troende. Det är helt naturligt att den som har en ledarposition, som teamledare, cellgruppsledare eller söndagsskollärare befinner sig på en annan nivå av tro än en vanlig troende, även om han ännu inte har uppnått fullständig helgelse. Liksom nivån av tro är annorlunda från en vanlig troende, är också betydelsen av synd och nivån av omvändelse som Gud vill se för att ta emot den annorlunda, även om båda begick samma synd.

Det är inte detsamma som att säga att det är tillåtet för en troende att tänka, "Eftersom min tro ännu inte är fullkomlig, kommer Gud ge mig en andra chans om jag syndar igen" och sedan omvända sig med ett sådant hjärta. Förlåtelsen från Gud genom omvändelse kommer inte tas emot om en person medvetet eller villigt begår synder, men när en person som syndar omedvetet och senare inser att han har syndat och söker förlåtelse för det. Det är dessutom så att om han en gång har begått en synd och omvänt sig från den, kommer Gud bara acceptera omvändelsen på nytt när han gör sitt allra bästa med ivrig bön om att aldrig begå samma synd igen.

5. Vanligt folks syndoffer

"Vanligt folk" är människor med liten tro, eller vanliga församlingsmedlemmar. När vanliga människor begår synder, gör de det utifrån en liten tro och därför är storleken på syndoffret mindre än prästens och ledarens. En vanlig person ska som syndoffer till Gud offra en felfri get av honkön, vilket är en lägre nivå av betydelse än en bock. Som det är med syndoffret som görs av prästen eller ledaren, ska prästen doppa sitt finger i blodet från offret från personens syndoffer, stryka det på brännofferaltarets horn, och hälla ut resten vid altaret.

Eftersom det finns en sannolikhet att vanligt folk kommer att synda igen på grund av liten tro, kommer Gud, om personen ångrar sig och vänder sitt hjärta till omvändelse när han begått synderna, visa barmhärtighet och förlåta honom. På det sätt Gud befallde att "en get av honkön" ska offras kan vi dessutom se att synderna som begåtts på denna nivå är lättare att få förlåtelse för än synder som en bock eller ett får behöver offras för. Det betyder inte att Gud tillåter en måttlig omvändelse; man måste offra sann omvändelse till Gud, och ha i tankarna att aldrig synda igen.

När en person med liten tro inser sina synder och omvänder sig och gör sitt bästa för att inte begå samma synder igen, kommer frekvensen med vilken de kanske syndar reduceras från tio gånger till fem eller tre, och han kommer till slut att kunna göra sig av med det helt och hållet. Gud accepterar omvändelse som efterföljs av frukt. Han kommer inte acceptera omvändelse ens från en nybörjare i tron om den omvändelsen enbart består i läpparnas tjänst utan att omvändelsen finns i hjärtat.

Gud kommer att glädja sig och beundra en nybörjare i tron som omedelbart omvänder sig från sina synder närhelst han inser dem och ihärdigt gör sig av med dem. Istället för att försäkra sig själv, "Det är här min tro står, och det räcker för mig", inte bara när det gäller omvändelse utan också i bönen, tillbedjan, och alla andra delar av ens liv i Kristus, bestämma sig för att sträva uppåt, bortom ens egen kapacitet, kommer man få ännu mer överflödande kärlek och välsignelser från Gud.

När man inte hade råd att offra en get av honkön och därför gav ett får, skulle fåret också vara felfritt och av honkön (3 Mosebok 4:32). Den fattige gav två turturduvor eller två unga duvor, och den ännu fattigare gav en liten mängd fint mjöl (Mosebok 5:7, 11). Rättvisans Gud klassificerar därför och accepterar syndoffer i enlighet med det mått av tro varje individ har.

Vi har hittills studerat hur man försonas med Gud och får frid med Honom genom att undersöka syndoffer som ges till Honom av folket ur i olika rank och med olika uppdrag. Jag hoppas att varje läsare kommer att få frid med Gud genom att alltid inspektera ens egna gudagivna uppdrag och hur det står till med ens egen tro, likväl som att på ett genomgående sätt omvända sig från sina fel och synder, varhelst en synd av mur finns på deras väg till Gud.

Kapitel 7

Skuldoffret

"Om någon av misstag begår en trolös handling genom att undanhålla något som är helgat åt HERREN, skall han som skuldoffer föra fram åt HERREN en felfri bagge av småboskapen efter det värde du bestämmer i silver, ett visst antal siklar efter helgedomssikelns vikt."

3 Mosebok 5:15

1. Skuldoffrets betydelse

Ett skuldoffer ges till Gud som gottgörelse för begången synd. När Guds folk hade syndat mot Honom, var de tvungna att offra ett skuldoffer till Honom och omvända sig inför Honom. Beroende på hur vilken sorts synd är det dock så att personen som har syndat inte bara behöver vända bort sitt hjärta från syndfulla vägar, utan också ta ansvar för sina felsteg.

Om någon till exempel har lånat något av sin vän men gjort sönder det av olyckshändelse. Då kan han inte bara säga "förlåt". Han får inte bara be om förlåtelse utan måste också ersätta saken för sin vän. Om han inte kan ersätta saken han förstörde, måste han ge sin vän en jämförbar summa som kompensation. Det är sann omvändelse.

När man ger ett skuldoffer representerar det att man vill skapa frid genom att ge kompensation eller ta ansvar för felsteg. Detsamma gäller omvändelse inför Gud. Precis som vi behöver kompensera för skada vi har orsakat våra bröder och systrar i Kristus, måste vi visa Honom de rätta omvändelsehandlingarna efter att vi har syndat mot Honom för att vår omvändelse ska bli fullständig.

2. Omständigheter kring och sätt att ge skuldoffret på

1) Efter att ha kommit med falskt vittnesbörd

3 Mosebok 5:1 tells us, "Om någon hör edsförpliktelsen och kan vittna om något som han själv har sett eller på något annat sätt fått reda på, men inte berättar det, då syndar han och bär

på missgärning." Det finns tillfällen då människor, trots att de har svurit en ed, kommer med falskt vittnesbörd när deras egna intressen står på spel. Tänk dig till exempel att ditt eget barn har begått ett brott och en oskyldig person är anklagad för brottet. Om du ställde dig i vittnesbåset, tror du att du skulle kunna ge ett korrekt vittnesmål? Om du håller tyst för att skydda ditt barn, och därmed orsakar skada för någon annan, kanske andra inte kommer förstå vad som är sant, men Gud vakar över allt. Därför måste ett vittne vittna om precis just det han eller hon har sett och hört för att det ska bli en rättvis rättegång, så att ingen få lida orättvist.

På samma sätt är det i vårt vardagsliv. Det är inte alla som på ett korrekt sätt kan förmedla vad man har sett och hört. Utifrån ens egen bedömning förmedlar man felaktig information. Andra kommer med falska vittnesbörd genom att hitta på berättelser som om de hade sett det de i själva verket inte hade sett. På grund av falska vittnesbörd blir oskyldiga människor falskt anklagade för brott de inte har begått och får därför lida orättvist. Vi finner i Jakobs brev 4:17, "Den som alltså förstår att göra det goda men inte gör det, han syndar." Guds barn som känner sanningen måste kunna urskilja vad som är sant och förmedla ett korrekt vittnesbörd så att inte någon annan hamnar i svårigheter eller bli skadade.

Om godhet och sanningar har fått slå sig till ro i våra hjärtan, kommer vi alltid tala sanningsenligt i allt. Vi kommer inte tala illa om eller föra över skulden på någon annan, inte förvränga sanningen eller ge irrelevanta svar. Om någon har skadat en annan genom att undvika att berätta när han blivit uppmanad, eller givit ett falskt vittnesbörd, måste han offra ett skuldoffer till Gud.

2) Efter att ha kommit i kontakt med orena ting
Vi läser i 3 Mosebok 5:2-3,

Eller om någon utan att märka det rör vid något orent, det må vara den döda kroppen av ett orent vilddjur eller den döda kroppen av ett orent boskapsdjur eller den döda kroppen av något slags orent smådjur, så blir han oren genom det och ådrar sig skuld. Eller om han utan att märka det rör vid en människas orenhet, vad det än är som kan orena, och han sedan får veta det, så ådrar han sig skuld.

Här handlar "något orent" andligt om allt som hör till osant beteende och som är emot sanningen. Sådana beteenden inbegriper allt man kan se, höra och tala likväl som sådant man kan känna med kroppen och med hjärtat. Det finns saker och ting, som vi innan vi fick lära sanningen inte ansåg vara syndfullt. Men när vi har kommit in i sanningen börjar vi förstå att sådant är opassande i Guds ögon. Innan vi kände Gud kanske vi till exempel kom i kontakt med våld och obscent material som pornografi utan att på den tiden inse att sådant var orent. Men när vi har börjat våra liv i Kristus har vi fått lära oss att sådant är emot sanningen. När vi en gång har insett att sådant anses vara orent när det mäts mot sanningen, måste vi omvända oss och offra skuldoffer till Gud.

Även i våra liv i Kristus kan det finnas tillfällen då vi utan att det är meningen ser och hör onda ting. Det vore bra om vi kunde bevara våra hjärtan trots att vi har sett eller hört något sådant. Men eftersom det finns risk att en troende inte kan bevara sitt hjärta utan accepterar känslorna som följer med sådana orena ting, måste han, när han inser sin synd, omedelbart omvända sig och offra ett skuldoffer till Gud.

3) Efter att ha givit en ed

3 Mosebok 5:4 säger, "Eller om någon utan att märka det tanklöst avlägger en ed med sina läppar – att göra ont eller gott, vad man än i tanklöshet kan styrka med en ed – och han sedan kommer till insikt om vad han har gjort, så har han ådragit sig skuld i något av dessa avseenden." Gud har förbjudit oss från att svära en ed, "att göra ont eller gott".

Varför förbjuder Gud oss att svära en ed och att lova något? Det är naturligt för Gud att förbjuda oss från att lova att "göra ont", men Han förbjuder oss också att lova att "göra gott" och det är för att en människa saknar kapacitet att utföra 100 % av vad han har svurit (Matteus 5:33–37; Jakobs brev 5:12). Så länge han inte är fullkomnad i sanningen, kan han lova något från sitt hjärta, utifrån vad han själv vill eller hur han känner det, men inte hålla vad han har lovat. Det finns också tillfällen då fienden djävulen och Satan kommer emellan i troendes liv och hindrar dem från att utföra vad de har lovat så att det kan skapa en grund för anklagelser i den troendes liv. Tänk på detta extrema exempel: Någon lovar, "Jag ska göra det och det imorgon", men så dör han plötsligt idag. Hur ska han kunna uppfylla sitt löfte?

Det är därför det är viktigt att man aldrig lovar att göra något ont och även om man har lovat att göra gott, istället för att svära på det, måste han be till Gud och söka styrka. Om samma person till exempel har lovat att han alltid ska be utan uppehåll borde han, istället för att svära på att "Jag kommer komma på bönenätterna från och med nu", be "Gud hjälp mig att be utan uppehåll och skydda mig från fienden djävulens och Satans intrång". Om någon förhastat har gett ett löfte måste han omvända sig och offra ett skuldoffer till Gud.

Om det finns synd i någon av de tre omständigheterna ovan ska följande göras, "som offer för sin synd skall han föra fram åt HERREN ett hondjur av småboskapen, antingen ett tacklamm eller en killing, till syndoffer. Och prästen ska bringa försoning för honom för hans synd" (3 Mosebok 5:6).

Befallningen att ge ett syndoffer kommer tillsammans med förklaringen av hur man ger ett skuldoffer. Det beror på att synder som man måste offra skuldoffer även ska innefatta syndoffer. Ett syndoffer är, som det tidigare förklarades, att omvända sig inför Gud när man har syndat och man omvänder sig från synden helt och hållet. Men det har också förklarats att när en synd inte bara kräver att man i sitt hjärta omvänder sig från syndfulla vägar utan också att han tar ansvar, blir hans omvändelse fullkomlig när han kompenserar sin synd med ett skuldoffer för att betala för förlust eller skada och genom sina gärningar tar ansvar.

I sådana omständigheter ska personen inte bara ge gottgörelse utan också offra ett skuldoffer till Gud tillsammans med syndoffret eftersom han också måste omvända sig inför Gud. Även om personen har gjort fel mot någon annan måste han också omvända sig inför sin himmelske Fader eftersom han har begått en synd som han inte borde ha begått som ett Guds barn.

Om en bror har lurat sin syster och tagit över tillgångar som tillhörde henne och han sedan vill omvända sig måste han först förbereda hennes hjärta genom att omvända sig inför Gud och göra sig av med girighet och bedrägeri. Han måste sedan ta emot förlåtelse från sin syster som han har gjort fel mot. Nu får han inte bara be om förlåtelse från sina läppar utan måste också ge en gottgörelse för så mycket som hans syster har förlorat på grund av hans handlingar. Mannens "syndoffer" är den handling han gör inför Gud när han vänder sig bort från sina syndfulla gärningar och omvänder sig, och hans "skuldoffer" är handlingen av omvändelse han gör då han söker förlåtelse från sin syster och ger ersättning och kompensation för hennes förlust.

I 3 Mosebok 5:6 befaller Gud att syndoffret ska efterföljas av ett skuldoffer, ett tacklamm eller en killing ska offras. I de följande verserna läser vi att om man inte har råd med ett tacklamm eller killing måste man offra två turturduvor eller två unga duvor, som skuldoffer. Kom ihåg att två fåglar offras. En ges som syndoffer och en som brännoffer.

Varför har Gud befallt att ett brännoffer ska offras samtidigt som ett syndoffer, med två turturduvor eller två unga duvor? Ett brännoffer betyder att man håller sabbaten helig. I andlig tillbedjan handlar det om att offra upp söndagens möten till Gud. Att formellt har offrat två turturduvor eller två unga duvor som ett syndoffer tillsammans med ett brännoffer uttrycker därför att en människans omvändelse har fullkomnats i och med att han håller Herrens dag helig. Fullkomlig omvändelse innehåller inte bara att man omvänder sig i den stund man inser att man har syndat, utan också i att han bekänner sina synder och omvänder sig i Guds helgedom på Herrens dag.

Om någon är så fattig att han inte har råd att ens offra turturduvor eller unga duvor, måste han offra en tiondels efa (ett mått på ungefär 22 liter) fint mjöl som ett offer. Det är tänkt att syndoffret ska vara ett djur då det är ett offer för att få förlåtelse. Men i sin barmhärtighet har Gud tillåtit att de fattiga, som inte kan offra ett djur till Honom, kunde offra mjöl istället så att de kunde ta emot förlåtelse för sina synder.

Det är skillnad mellan ett syndoffer av mjöl och ett matoffer av mjöl. Medan olja och rökelse läggs till matoffret för att göra det mer välluktande och få det att se godare ut, läggs ingen olja eller rökelse till syndoffret. Varför är det så? Det har samma innebörd att sätta eld på ett försoningsoffer som att sätta eld på ens synder.

Det faktum att ingen olja eller rökelser läggs på mjölet säger oss, när vi ser på det på ett andligt sätt, hur en människas attityd behöver vara när han kommer inför Gud för att omvända sig. 1 Kungaboken 21:27 säger oss att när kung Ahab omvände sig inför Gud "rev han sönder sina kläder och svepte säcktyg omkring sig och fastade. Han låg klädd i säcktyg och gick tyst omkring." När någon river sönder sitt hjärta i omvändelse, kommer han automatiskt att uppföra sig, utöva självkontroll och ödmjuka sig själv. Han kommer vara försiktig med vad han säger och hur han uppför sig, och visa Gud att han strävar efter att leva ett liv av återhållsamhet.

4) Efter att ha syndat mot heliga ting eller orsakat förlust för bröder i Kristus

I 3 Mosebok 5:15–16 läser vi,

Om någon av misstag begår en trolös handling genom att undanhålla något som är helgat åt HERREN, skall han som skuldoffer föra fram åt HERREN en felfri bagge av småboskapen efter det värde du bestämmer i silver, ett visst antal siklar efter helgedomssikelns vikt. Han skall ersätta det han har undanhållit av det helgade och lägga till en femtedel. Detta skall han ge åt prästen, och när prästen bringar försoning för honom genom skuldoffersbaggen, får han förlåtelse.

"Helgat åt HERREN" handlar om Guds helgedom och allt som finns i Guds helgedom. Inte ens en Herrens tjänare eller en individ som har fått offret kan ta, använda eller sälja eller ge något som har avskilts åt Gud och därmed gjorts heligt. Sådant som vi måste anse vara heligt är inte bara sådant som är "heligt", utan det är också tillämpbart på hela helgedomen. En helgedom är en plats som Gud har avskilt och där Han har satt sitt namn.

Inga världsliga eller osanna ord får uttalas i helgedomen. Troende som är föräldrar måste också lära sina barn att inte springa runt och leka, inte göra oljud som kan distrahera; inte skapa oreda eller smutsa ner, eller skada något av de heliga föremålen i helgedomen.

Om Guds heliga ting förstörs av en olyckshändelse måste personen som förstörde det ersätta det med något som är bättre, finare och utan fel. Ersättningen får inte heller vara enligt summan eller värdet på det skadade utan en "femtedel" ska läggas till det som ett skuldoffer. Gud har befallt att det ska vara så för att påminna oss om att uppföra oss på ett acceptabelt sätt och med självkontroll. När vi kommer i kontakt med heliga ting måste vi alltid vara på vår vakt och vara återhållsamma så att vi inte missbrukar eller förstör något som är Guds. Om vi förstör något för att vi var oaktsamma, måste vi omvända oss från djupet av våra hjärtan och ersätta det förstörda med något av större värde eller dyrare än det som förstördes.

3 Mosebok 6:2-5 berättar om det sätt en person kan få förlåtelse för synderna som han har gjort när han "ljuger för sin nästa angående något denne har anförtrott honom eller överlämnat i hans vård eller angående något som han med våld har tagit eller om han genom utpressning berövat sin nästa något, eller om han, när han hat hittat något borttappat, ljuger om det och svär falskt i någon sak". Det är så här man omvänder sig från det felaktiga man har gjort innan man började tro på Gud, och att omvända sig och ta emot förlåtelser när man inser att man omedvetet har tagit något som tillhör en annan.

För att skapa försoning för sådana synder, måste saken återföras till den ursprunglige ägaren plus en "femtedel" av sakens värde. Här handlar en "femtedel" nödvändigtvis inte om att det ska det som ska ges ska vara i ett nummervärde. Det betyder också att man visar sina omvändelsegärningar, att det är något som härstammar från djupet av ens hjärta. Då kommer

Gud förlåta honom hans synder. Det finns till exempel tillfällen då man inte kan räkna ut vad man ska ge tillbaka för något man har gjort i det förgångna. Då behöver man visa att man visar omvändelsehandlingar från och med den stunden i stället. Med de pengar man har tjänat från sitt arbete kan man ihärdigt ge till Guds rike eller ge ekonomisk hjälp till människor som har behov. När man bygger upp sådana omvändelsegärningar kommer Gud se vad som finns i ens hjärta och förlåta ens synder.

Kom ihåg att omvändelse är den allra viktigaste ingrediensen i ett skuldoffer och ett syndoffer. Gud vill inte ha en fet kalv av oss utan en ångerfull ande (Psaltaren 51:17). När vi därför tillber Gud måste vi omvända oss från synd och ondska från djupet av våra hjärtan och bära frukt som stämmer överens med omvändelsen. Jag hoppas att ni, när ni offrar lovsång och offer till Gud på ett sätt som behagar Honom, och era liv som ett levande offer som Han tar emot, alltid kan vandra mitt i Hans överflödande kärlek och välsignelser.

Kapitel 8

Frambär din kropp som ett levande och heligt offer

"Därför uppmanar jag er, bröder, vid Guds barmhärtighet, att frambära era kroppar som ett levande och heligt offer som behagar Gud – er andliga gudstjänst."

Romarbrevet 12:1

1. Salomos tusen brännoffer och välsignelser

Salomo besteg tronen när han var 20 år gammal. Sedan hans ungdom hade han undervisats i tron av profeten Natan, älskat Gud och han följde sin fader, kung Davids, stadgar. Efter att han bestigit tronen offrade Salomo tusen brännoffer till Gud.

Att offra tusen brännoffer var inte på något sätt en lätt uppgift. På Gamla testamentets tid fanns det många restriktioner som man behövde följa, tiden, offrets innehåll, och sätten som man skulle placera offret på. Till skillnad från vanligt folk behövde kung Salomo dessutom ha stort utrymme eftersom det var så många människor som behövde följa med honom och det enormt stora antalet offer som skulle ges. I 2 Krönikeboken 1:2-3 står det, "Salomo talade till hela Israel, till överbefälen och underbefälen, till domarna och till alla furstarna i hela Israel, huvudmännen för familjerna. Sedan begav han sig med hela församlingen till offerhöjden i Gibeon, ty där stod Guds uppenbarelsetält som HERRENS tjänare Mose hade gjort i öknen." Salomo begav sig till Gibeon eftersom Guds uppenbarelsetält som Mose hade gjort i öknen stod där.

Med hela församlingen gick Salomo inför "HERRENS ansikte till kopparaltaret som stod vid uppenbarelsetältet" och han offrade på det tusen brännoffer till Honom. Det har tidigare förklarats att ett brännoffer är ett offer till Gud som ger en ljuvlig doft som kommer av att man bränner djuret som offras, och det offrade livet till Gud och betyder att man ger ett fullständigt offer och sin hela överlåtelse.

Den natten uppenbarade Gud sig för Salomo i en dröm och sade till honom: "Bed mig om det du vill att jag ska ge dig" (2 Krönikeboken 1:7). Salomo svarade,

Du har visat min fader David stor nåd och gjort mig till kung efter honom. Låt nu, HERRE och Gud, ditt ord till min fader David visa sig vara sant, ty du har själv gjort mig till kung över ett folk lika talrikt som stoftet på marken. Ge mig nu vishet och förstånd till att vara detta folks ledare och anförare, för vem annars kan vara domare för detta ditt stora folk? (2 Krönikeboken 1:8–10).

Salomo bad inte om rikedomar, skatter, ära, sina fienderas liv eller långt liv. Han bad bara om att få vishet och förstånd så att han kunde leda och anföra folket. Gud hade behag till Salomos begäran och gav kungen inte bara vishet och förstånd som han hade bett om, utan också rikedomar, skatter och ära, sådant som kungen inte hade bett om.

Gud sade till Salomo, "därför skall du få vishet och förstånd. Jag vill också ge dig rikedom, skatter och ära, sådana som varken kungarna före dig har haft eller någon kung efter dig kommer att ha" (v. 12).

När vi offrar andlig gudstjänst inför Gud på ett sätt som behagar Honom, kommer Han från sin sida välsigna oss så att vi får framgång i allt och kan vara vid god hälsa, precis som det står väl till med vår själ.

2. Från uppenbarelsetältets tidsålder till templets tidsålder

Efter att kung Davids rike blivit enat och stabilt var det en sak som bekymrade kung David, Salomos faders, hjärta: Guds tempel hade ännu inte byggts. David var bedrövad över att Guds ark stod i ett tält av tyg medan han själv bodde i ett palats gjort av cederträ, och beslutade sig för att bygga ett tempel. Men Gud lät honom inte göra det, för David hade utgjutit så mycket blod under striderna och var därför inte lämplig att bygga Guds heliga tempel.

Men HERRENS ord kom till mig. Han sade: Mycket blod har du utgjutit och många krig har du fört. Du skall inte bygga ett hus åt mitt namn, ty du har utgjutit mycket blod på jorden inför mina ögon" (1 Krönikeboken 22:8).

Men Gud sade till mig: Du skall inte bygga ett hus åt mitt namn, ty du är en stridsman och har utgjutit blod" (1 Krönikeboken 28:3).

Trots att kung David inte kunde fullfölja sin dröm att bygga templet fortsatte han ändå i tacksamhet att lyda Guds Ord. Han förberedde dessutom guld, silver, koppar, dyrbara stenar och cederträ, material som var nödvändigt så att nästa kung, hans son Salomo, skulle kunna bygga templet.

Under hans fjärde regeringsår lovade Salomo att följa Guds

vilja och uppföra templet. Han påbörjade byggnadsprojektet på Morias berg i Jerusalem och fullbordade det på sju år. Fyra hundra åttio år efter att Israels folk hade lämnat Egypten, stod Guds tempel fullbordat. Salomo förde vittnesbördets ark (Förbundsarken) och alla andra heliga ting in i templet. När prästerna förde vittnesbördet ark in i det allra heligaste, uppfyllde Guds härlighet huset, "så att prästerna inte kunde stå och göra tjänst på grund av molnet. Ty HERRENS härlighet uppfyllde HERRENS hus" (1 Kungaboken 8:11). Då fick uppenbarelsetältets tidsålder sitt slut och templets tidsålder tog sin början.

I sin bön när han offrade templet till Gud, bönföll Salomo att Gud skulle förlåta sitt folk närhelst de vände sig mot templet i uppriktig bön när de på något sätt blivit slagna av lidanden på grund av sina synder.

Ja, hör din tjänares och ditt folk Israels bön, när de vänder sig mot denna plats. Må du höra den på den plats där du bor, i himlen. Och när du hör, må du förlåta (1 Kungaboken 8:30)

Eftersom kung Salomo var väl medveten om att templets konstruktion både hade behagat Gud och hade varit en välsignelse, bönföll han frimodigt Gud för sitt folk. När Gud hörde kungens bön svarade Han:

Jag har hört din bön och begäran som du har framburit till mig. Detta hus som du har byggt har jag helgat för att där fästa mitt namn för evig tid. Mina ögon och mitt hjärta skall för alltid vara där (1 Kungaboken 9:3).

Den som därför idag tillber Gud av hela sitt hjärta, hela sitt sinne och med all sin uppriktighet i en helig helgedom där Gud bor, kommer Gud möta honom och svara honom det som han längtar efter i sitt hjärta.

3. Köttslig tillbedjan & andlig tillbedjan

I Bibeln får vi veta att det finns tillbedjansätt som Gud inte tar emot. Beroende på det hjärta som gudstjänsten ges med, finns det andlig gudstjänst som Gud tar emot; och en köttslig gudstjänst som Han vägrar ta emot.

Adam och Eva hade drivits ut från Edens lustgård på grund av sin olydnad. I 1 Mosebok 4 läser vi om deras två söner. Deras äldre son var Kain och den yngre var Abel. När de blev vuxna skulle Kain och Abel ge varsitt offer till Gud. Kain var åkerbrukare och gav "av markens gröda" (vers 3) medan Abel offrade "det förstfödda i sin hjord, av djurens fett" (vers 4). Gud å sin sida "såg till Abel och hans offer, men till Kain och hans offer såg han inte" (vers 4-5).

Varför tog Gud inte emot Kains offer? I Hebreerbrevet 9:22 finner vi att ett offer som ges till Gud måste vara ett blodsoffer så att synder kan förlåtas i enlighet med lagen i den andliga världen. Det var därför som djur som tjurar och får skulle offras på gammaltestamentlig tid, medan Jesus, Guds lamm, blev ett försoningsoffer genom att utgjuta sitt blod på nytestamentlig tid. Hebreerbrevet 11:4 säger oss, "Genom tro bar Abel fram ett bättre offer åt Gud än Kain, och genom tron fick han vittnesbördet att han var rättfärdig, när Gud själv bekände sig till hans offer. Och genom tron talar han än, trots att han är död." Med andra ord, Gud tog emot Abels offer eftersom han hade gett ett offer till Gud av blod efter Hans vilja, men vägrade ta emot Kains offer som inte hade getts enligt Hans vilja.

I 3 Mosebok 10:1-2 läser vi om Nadab och Abihu som bar fram "främmande eld inför HERRENS ansikte, något som han inte hade befallt dem" och det ledde till att de förtärdes av eld "som gick ut från HERREN". Vi läser också i 1 Samuelsboken 13 om hur Gud överger kung Saul efter att kungen hade begått synden av att utföra profeten Samuels uppdrag. Innan det var dags för strid mot filistéerna hade kung Saul utfört ett offer till Gud när profeten Samuel inte hade kommit inom de antal dagar som var lämpligt. När Samuel anlände, efter att offret hade utförts av Saul, kom Saul med en ursäkt och sade till profeten att han motvilligt hade gjort vad han hade gjort eftersom folket höll på att skingra sig. Samuel tillrättavisade Saul och sade, "I detta har du handlat dåraktigt" och sade till kungen att Gud hade övergivit honom.

I Malaki 1:6–10 tillrättavisar Gud Israels barn för att inte ha gett till Gud det bästa de kunde offra, utan offrat sådant som var värdelöst för dem. Gud tillägger att Han inte kommer ta emot tillbedjan som kommer utifrån en religiös formalia där Han saknar folkets innerlighet. I dagens termer betyder det att Gud inte kommer ta emot köttsligt gudstjänst. Johannes 4:23-24 säger oss att Gud gladeligen tar emot andlig gudstjänst där människor offrar till Honom i ande och sanning, och välsignar människor till att fullgöra rätten, barmhärtigheten och trofastheten. I Matteus 15:7-9 och i 23:13.18 får vi veta att Jesus skarpt tillrättavisade fariséerna och de skriftlärda på den tiden som strikt höll sig till mänsklig tradition men vars hjärtan inte tillbad Gud i sanning. Gud tar inte emot tillbedjan som man offrar godtyckligt.

Tillbedjan måste offras i enlighet med de principer som Gud har fastställt. Det är på det här sättet som kristendomen grundläggande skiljer sig från andra religioner vars anhängare skapar tillbedjan för att tillfredsställa egna behov och tillber på ett sätt som de själva har behag till. Å ena sidan är en köttslig gudstjänst en meningslös gudstjänst där individen enbart kommer till helgedomen och deltar i gudstjänsten. Andlig gudstjänst är å andra sidan en tillbedjan och beundran från djupet av ens hjärta där man deltar i gudstjänsten i ande och sanning som Guds barn som älskar sin himmelske Fader. Därför kan det vara så att även om två personer är på gudstjänsten samtidigt och på samma plats, beror Guds mottagande av tillbedjan hur vars och ens hjärta är, en persons gudstjänst kan bli mottagen, medan den andras inte blir det. Även om man kommer till helgedomen och tillber Gud kommer det inte vara till någon nytta om Gud säger, "Jag tar inte emot din tillbedjan".

4. Frambär din kropp som ett levande och heligt offer

Om syftet med vår existens är att upphöja Gud, då måste tillbedjan vara vårt livs fokus och vi måste leva varje stund med en inställning av att tillbe Honom. Det levande och heliga offer som Gud tar emot, tillbedjan i ande och sanning, blir inte uppfylld genom att bara gå på söndagsgudstjänsten en gång i veckan och sedan leva på ett godtyckligt sätt efter vad man själv vill och längtar efter från måndag till lördag. Vi har blivit kallade att tillbe Gud hela tiden och överallt.

Att gå till kyrkan för att tillbe är en förlängning av ett liv i tillbedjan. Eftersom all slags tillbedjan som är särskilt från ens liv inte är sann tillbedjan, måste en troendes liv som helhet vara ett liv av andlig gudstjänst där tillbedjan offras till Gud. Vi får inte bara offra underbara gudstjänster i en helgedom efter vad man tycker är korrekt och som betyder mest, utan också leva ett heligt och rent liv genom att i allt lyda Guds stadgar i våra vardagsliv.

Romarbrevet 12:1 säger oss, "Därför uppmanar jag er, bröder, vid Guds barmhärtighet, att frambära era kroppar som ett levande och heligt offer som behagar Gud – er andliga gudstjänst." Precis som Jesus frälste hela mänskligheten genom att offra sin kropp som ett offer, vill Gud att också vi frambär våra kroppar som levande och heliga offer.

Eftersom den Helige Ande, som är ett med Gud, bor i våra hjärtan har var och en av oss, i tillägg till den synliga tempelbyggnaden, blivit Guds tempel (1 Korinterbrevet 6:19–20). Vi måste förnya oss varje dag i sanningen och vakta oss själva så vi förblir heliga. När Ordet, bönen och lovsången överflödar i våra hjärtan och när vi gör allt i våra liv med ett hjärta som tillber

Gud, har vi gett våra kroppar som ett levande och heligt offer som Gud har behag till.

Innan jag mötte Gud var jag slagen av sjukdom. Jag tillbringade många dagar i hopplös förtvivlan. Min sjukhusskuld och mina läkemedelskostnader var stora efter att ha varit sjuk i sju år. Jag var i fattigdom. Ändå förändrades allt när jag mötte Gud. Han botade mig från alla mina sjukdomar på en gång, och jag fick börja om att leva.

Överväldigad över Hans nåd började jag älska Gud över allt annat. På Herrens dag vaknade jag upp i gryningen, såg till att jag duschade och satte på mig rena underkläder. Även om jag bara hade haft på mig ett par sockar väldigt kort på lördagen, hade jag aldrig på mig samma par i kyrkan följande dag. Jag satte också på mig det renaste och finaste jag hade.

Det är inte samma sak som att säga att troende måste ha moderna kläder när de går till gudstjänsten. Om en troende verkligen tror på och älskar Gud, kommer det vara naturligt för honom att förbereda sig på bästa sätt innan han kommer inför Gud för att upphöja Honom. Även om ens omständigheter inte låter en bära vissa kläder, kan alla åtminstone förbereda sig för att se så bra ut de kan, efter sin förmåga.

Jag såg alltid till att ge mitt offer med nya sedlar; när helst jag kom över nya, fräscha sedlar, satte jag undan dem för att kunna ge i offret. Även om det blev en nödsituation rörde jag inte de pengar jag hade satt åt sidan för att offra. Vi vet att även på Gamla testamentets tid, när det fanns olika nivåer beroende på ens omständigheter, skulle varje troende förbereda ett offer innan de kom till prästen. Angående detta ger Gud oss en tydlig instruktion i 2 Mosebok 34:20, "Ingen skall träda fram inför mitt ansikte med tomma händer."

Och jag lärde mig av en väckelsepredikant att alltid se till att jag hade ett offer förberett för varje gudstjänst, litet eller stort. Fastän lönen jag och min fru tjänade knappt kunde täcka räntan på det lån vi hade, hände det inte en enda gång att vi gav med klagan eller ens ångrade att vi hade offrat. Hur kunde vi ångra när vårt offer användes för att frälsa själar och för Guds rike och att uppnå Hans rättfärdighet?

Efter att ha sett vår överlåtelse välsignade Gud oss i sin tid så vi kunde betala av den stora skulden. Jag började be till Gud att Han skulle göra mig till en god äldstebroder som kunde ge ekonomisk hjälp till de fattiga och började leta efter föräldralösa, änkor och sjuka. Ändå hände det att Gud helt oväntat kallade mig till att bli Hans tjänare och ledde mig till att leda en enorm församling som frälser mängder med själar. Fast jag inte har blivit en äldstebroder kan jag ge tröst till ett stort antal människor och har gett ut Guds kraft genom vilken jag kan bota sjuka, och det är betydligt mycket mer än vad jag bad om.

5. "Tills Kristus har formats i er"

Precis som föräldrar villigt gör sitt allra bästa för att deras barn ska få näring efter att de har fött dem, är hårt arbete, uthållighet och offer nödvändiga för att kunna ta hand om och leda varje själ till sanningen. Angående detta bekände aposteln

Paulus i Galaterbrevet 4:19, "Mina barn, som jag än en gång måste föda med smärta tills Kristus har formats i er".

I det att jag vet hur Guds hjärta är, som ser varje själ som mer dyrbar än någonting annat i universum och längtar efter att se alla människor ta emot frälsningen, gör jag mitt allra bästa för att leda åtminstone ytterligare en till själ till frälsningens väg och till Nya Jerusalem. För att sträva efter att få församlingsmedlemmarnas nivå av tro att nå "ett mått av mognad som motsvarar Kristi fullhet" (Efesierbrevet 4:13) har jag bett och förberett budskap varje stund och tagit varje möjlighet jag kunde finna. Medan det funnits tillfällen då jag hellre hade suttit tillsammans med församlingsmedlemmarna för glädjefyllda samtal, har jag, eftersom en herde är ansvarig för att leda sin flock på den rätta vägen, praktiserat självkontroll i allt och sett till att jag har utfört alla uppdrag som Gud har gett mig.

Det finns två saker jag längtar efter för varje troende. Det första är att jag verkligen skulle vilja att många troende inte bara tar emot frälsningen nätt och jämt, utan får bo i Nya Jerusalem, den allra härligaste boplatsen i Himlen. Det andra är att jag verkligen skulle vilja att alla troende undkommer fattigdomen och lever liv i framgång. I det att församlingen genomgår väckelse och blir större till antalet blir antalet människor som får ekonomisk hjälp större och helanden blir också fler. Med världsliga termer kan man säga att det inte är en lätt uppgift att se vilka behov som finns och handla därefter för varje medlem i församlingen.

Jag känner den tyngsta bördan över att troende syndar. Det

beror på att jag vet att när en troende syndar inser han att han har distanserat sig själv från Nya Jerusalem. I extrema fall kanske han till och med märker att han inte kan ta emot frälsning. Den troende kan bara ta emot svar och andligt eller fysiskt helande när han har nergjort muren av synd mellan honom och Gud. I det att jag har hållit mig fast vid Gud för de troende som har syndat har jag inte kunnat sova, jag har skakat och kämpat, gråtit och förlorat energi så outsägligt mycket, och byggt upp mängder med timmar och dagar av fasta och bön.

När Gud har tagit emot dessa offer de oändligt många gånger det har skett, har Gud visat sin nåd mot människor, till och med sådana som tidigare inte varit värda frälsning, och gett en ande av omvändelse till dem så att de kunde omvända sig och ta emot frälsning. Gud har också öppnat dörrar av frälsning på vid gavel så att mängder av människor över hela världen har kunnat få höra om helighetens evangelium och ta emot Hans krafts manifestationer.

När jag ser så många troende på ett underbart sätt mogna i sanningen, är det oerhört belönande för mig som pastor. På samma sätt offrade Herrens sig själv, fläckfri som Han var, som en ljuvlig väldoft till Gud (Efesierbrevet 5:2), och jag marscherar också vidare för att offra varje del av mitt liv som ett levande och heligt offer till Gud för Hans rike och för själarna.

När barn hedrar sina föräldrar på Mors dag eller Fars dag ("Föräldrars dag" i Korea) och visar sin uppskattning kan föräldrarna inte vara gladare. Även om de små gåvorna av uppskattning inte är något som föräldrarna skulle tyckt om i vanliga fall, så är de ändå glada eftersom gåvorna kommer från deras barn. Ungefär på samma sätt blir vår himmelske Far glad när Hans barn offrar tillbedjan till Honom som de har förberett utifrån deras stora kärlek och kraft, och Han välsignar dem.

Ingen troende ska naturligtvis inte leva godtyckligt under veckan och sedan bara visa sin överlåtelse på söndagarna! Precis som Jesus sade i Lukas 10:27, måste varje troende älska Gud av hela sitt hjärta, sin själ, styrka och sinne, och offra sig själv som ett levande och heligt offer varje dag i sitt liv. Genom att tillbe Gud i ande och sanning och offra ett ljuvligt offer från hjärtat kan varje läsare i överflöd få njuta av alla välsignelser som Gud har förberett för dem.

Om författaren
Dr. Jaerock Lee

Dr. Jaerock Lee föddes år 1943 i Muan, Jeonnamprovinsen, Republiken Korea. När Dr. Lee var i tjugoåren led han av flera obotliga sjukdomar under sju år och inväntade döden utan hopp om tillfrisknande. En dag, våren 1974, tog emellertid hans syster med honom till en kyrka och när han böjde knä för att be, botade den levande Guden honom omedelbart från alla sjukdomar.

Från den stund då Dr. Lee mötte den levande Guden genom denna underbara upplevelse, har han uppriktigt älskat Gud av hela sitt hjärta, och 1978 fick han kallelsen av Gud att bli Hans tjänare. Han bad och fastade uthålligt och ivrigt så att han skulle kunna förstå Guds vilja, att helt och hållet utföra den, och att lyda Guds Ord. År 1982 grundade han Manmin Central Church i Seoul, Korea, och mängder av verk från Gud som mirakulösa helanden, tecken och underverk har skett i hans församling sedan dess.

1986 blev Dr. Lee ordinerad som pastor i församlingen Annual Assembly of Jesus Sungkyul Church of Korea, och fyra år senare, 1990, började hans predikningar sändas i Australien, Ryssland och Filippinerna. På kort tid nåddes många länder genom tv- och radiostationerna Far East Broadcasting Company, Asia Broadcast Station och Washington Christian Radio System.

Tre år senare, 1993, valdes Manmin Central Church till en av de 50 främsta församlingarna i världen av den amerikanska tidskriften Christian World Magazine (USA) och han mottog ett hedersdoktorat i teologi från universitetet Christian Faith College, Florida, USA, och 1996 mottog han sin Fil. Dr. i Ministry från det teologiska seminariet Kingsway Theological Seminary, Iowa, USA.

Sedan 1993 har Dr. Lee varit en spjutspets inom världsmissionen genom många internationella kampanjer i Tanzania, Argentina, Los Angeles, Baltimore City, Hawaii och New York City i USA, Uganda, Japan, Pakistan, Kenya, Filippinerna, Honduras, Indien, Ryssland, Tyskland, Peru, DR. Kongo, Israel och Estland.

På grund av sin kraftfulla tjänst med internationella kampanjer blev han 2002 kallad "global väckelsepredikant" av stora kristna tidningar i Korea. Det gäller särskilt hans kampanj "New York Crusade 2006" som hölls i Madison Square Garden, den mest berömda arenan i världen. Händelsen sändes till 220 nationer, och under hans kampanj "Israel United Crusade 2009" som hölls i kongresscentret International Convention Center (ICC) i Jerusalem proklamerade han frimodigt Jesus Kristus som Messias och Frälsare.

Hans predikningar sänds ut till 176 nationer via satelliter som GCN TV och 2009 och 2010 utsågs han till en av de tio mest inflytelserika kristna ledarna av den populära kristna tidningen In Victory och i nyhetsbyrån Christian Telegraph på grund av sin kraftfulla tv-tjänst och församlingsbyggande tjänst utomlands.

Per maj 2013 har Manmin Central Church en församling med fler än 120 000 medlemmar. Det finns 10 000 inrikes och utrikes församlingsgrenar över hela världen, inklusive 56 nationella församlingsgrenar och fler än 129 missionärer har sänts ut till 23 länder, länder som USA, Ryssland, Tyskland, Kanada, Japan, Kina, Frankrike, Indien, Kenya och många fler så här långt.

Till denna dag har Dr. Lee skrivit 85 böcker, inklusive bästsäljare som En Smak av Evigt Liv Före Döden, Mitt Liv Min Tro I & II, Budskapet om Korset, Måttet av Tro, Himlen I & II, Helvetet, Vakna Israel! och Guds Kraft. Hans verk har översatts till fler än 75 språk.

Hans kristna tidningsspalter finns i tidningarna Hankook Ilbo, JoongAng Daily, Chosun Ilbo, Dong-A Ilbo, Munhwa Ilbo, Seoul Shinmun, Kyunghyang Shinmun, Korea Economic Daily, Korea Herald, Shisa News och Christian Press.

Dr. Lee är för närvarande ledare för ett antal missionsorganisationer och sammanslutningar. Han är bland annat styrelseordförande i United Holiness Church of Jesus Christ; ordförande i Manmin World Mission; ordförande i World Christianity Revival Mission Association; grundare och styrelseordförande i Global Christian Network (GCN); grundare och styrelseordförande i World Christian Doctors Network (WCDN); samt grundare och styrelseordförande i Manmin International Seminary (MIS).

Andra kraftfulla böcker av samme författare

Himlen I & II

En detaljerad bild över den härliga boendemiljön som de himmelska medborgarna njuter av och underbar beskrivning av de olika nivåerna i de himmelska herradömen.

Budskapet om Korset

Ett kraftfullt budskap som ger ett uppvaknande till människor som är andligt sovande! I denna bok finner du orsaken till att Jesus är den ende Frälsaren och Guds sanna kärlek.

Helvetet

Ett allvarligt budskap till hela mänskligheten från Gud som inte vill att en enda själ ska hamna i helvetets djup! Du kommer upptäcka sådant som aldrig tidigare uppenbarats om den grymma verkligheten i Nedre Hades och helvetet.

Ande, Själ och Kropp I & II

En guidebok som ger oss andlig insikt om ande, själ och kropp och hjälper oss att ta reda på vilket slags "jag" vi har, så att vi kan få kraft att besegra mörkret och bli en andlig person.

www.urimbooks.com

www.ingramcontent.com/pod-product-compliance
Lightning Source LLC
LaVergne TN
LVHW021826060526
838201LV00058B/3534